PBL

在"未来"提升学生核心素养的项目化学习

PBL ZAI "WEILAI" TISHENG XUESHENG HEXIN SUYANG DE
XIANGMUHUA XUEXI

黄 强 张朋飞 谢淑音／著

哈尔滨出版社
HARBIN PUBLISHING HOUSE

图书在版编目（CIP）数据

PBL 在"未来"提升学生核心素养的项目化学习 / 黄强，张朋飞，谢淑音著. -- 哈尔滨：哈尔滨出版社，2022.6

ISBN 978-7-5484-6549-2

Ⅰ. ①P… Ⅱ. ①黄… ②张… ③谢… Ⅲ. ①课堂教学－教学研究 Ⅳ. ①G424.21

中国版本图书馆 CIP 数据核字（2022）第 099552 号

书　　名：PBL 在"未来"提升学生核心素养的项目化学习
PBL ZAI "WEILAI" TISHENG XUESHENG HEXIN SUYANG DE XIANGMUHUA XUEXI

作　　者：黄　强　张朋飞　谢淑音　著
责任编辑：韩金华
责任审校：李　战
封面设计：树上微出版

出版发行：哈尔滨出版社（Harbin Publishing House）
社　　址：哈尔滨市香坊区泰山路 82-9 号　　邮编：150090
经　　销：全国新华书店
印　　刷：武汉市籍缘印刷厂
网　　址：www.hrbcbs.com
E-mail：hrbcbs@yeah.net
编辑版权热线：（0451）87900271　87900272
销售热线：（0451）87900202　87900203

开　　本：710mm×1000mm　1/16　印张：11.75　字数：135 千字
版　　次：2022 年 6 月第 1 版
印　　次：2022 年 6 月第 1 次印刷
书　　号：ISBN 978-7-5484-6549-2
定　　价：68.80 元

凡购本社图书发现印装错误，请与本社印制部联系调换。
服务热线：（0451）87900279

序

五年磨一剑，黄强老师、张朋飞老师、谢淑音老师应用PBL教学模式在学生核心素养培养中进行了深入的实践和探索，通过项目化的任务学习与学生实际紧密相连，聚焦跨学科思维，助力多学科融合，驱动学生运用和研究各类知识，激发学生旺盛的求知欲。《PBL在"未来"提升学生核心素养的项目化学习》面世了。该书是一部对项目化学习有深度研究，对学生成才成人、对教师专业发展有深远意义的著作。该书改变了教师为主导、学生被动接受知识的传统教学方式，主张学生在项目化的真实情境中完成知识建构，鼓励学生个人或通过小组的协作完成项目，展示结果，交流汇报。项目化学习培养学生的创新思维，提高学生的信息技术能力，提升学生的学科素养。

《PBL在"未来"提升学生核心素养的项目化学习》首先寻根溯源，在新课程改革背景下，依托《普通高中信息技术课程标准（2017年版）》《义务教育信息科技课程标准（2022年版）》《国务院关于深化教育教学改革全面提高义务教育质量的意见》和《关于新时代推进普通高中育人方式改革的指导意见》，"探索基于学科的课程综合化教学，开展研究型、项目化、合作式学习",致力于明确项目化学习的定位,并切实有效地推进我国从幼儿园到高中阶段项目化学习的实施。

其次,该书注重项目化学习教学模式的建构:创设情境——呈现问题——分析问题——评价反馈。以支架式的教学方式将零散的知识化为整体框架,建构信息技术知识的大厦。孔子有言:"学然后知不足,教然后知困。知不足,然后能自反也;知困,然后能自强也。故曰:教学相长也。"学生融合个人思维与创造、小组合作与研究,层层推进,解决问题,学生在学习和实践中求真知;教师根据学科教材、社会议题、生活问题等设置任务,推进教师专业发展,集体教研,合作共享,优势互补。

再有,如何更好地开展项目化学习?探索无止境,实践出真知。该书集作者智慧与丰富的教学经验于一体,"南粤优秀教师"黄强老师25年间深入课堂教学,撰写教学案例,近年来组织广东省新一轮名师工作室开展项目化案例的研究,完成了多种案例,如"地摊经济""旅游攻略""学分银行""编程控灯利出行""隔音盒的设计与创作""噪声的危害与控制"等项目化的任务学习与学生实际紧密相连。书中大量生动典型的案例,凝聚了黄强老师、张朋飞老师、谢淑音老师的心血与汗水,提出了项目化学习的八大策略用于教学实践:组建项目小组效果最大化的策略、有效目标制定策略、高效率学生自主学习的策略、有效提升学习交流和展示策略、小组学习中合作学习的优化策略、当堂训练的有效检测策略、集体备课中的有效研讨策略、课堂教学问题

序

设计策略等，促使学生通过项目化学习自主完成课堂学习目标，改进学习方式，形成高效课堂教学。各种策略集中于信息技术的教学实践，黄强名教师团队先后让多个年级的学生参与，然后通过其他中学教师进行示范教学，获得了较好的教学效果。

《PBL在"未来"提升学生核心素养的项目化学习》为信息技术的教与学带来新的思考和选择，不仅给教师们增加了实用高效的参考模式，还能帮助学生将信息技术的学习和思维创新结合起来，该书在信息技术教学中具有推广和应用的价值！

2022年6月

王同聚，广州市电化教育馆正高级教师，华南师范大学、广州大学、广东技术师范大学兼职教授和硕士生导师，广东省中小学新一轮"百千万人才培养工程"首批名教师培养对象优秀学员，广州市基础教育系统名教师，广州市名师工作室主持人，广东省、广州市新一轮"百千万人才培养工程"第二、三、四批名教师培养对象导师，全国十佳科技教师，全国十佳机器人教练。中国教育技术协会创客教育专业委员会副秘书长，中国教育技术协会人工智能专业委员会常务理事，华南师范大学&中讯邮电咨询设计院"人工智能+教师能力发展联合实验室"专家委员会专家，广东省中小学教师发展中心信息技术教育委员会专家。"智创空间"创始人。

目 录
CONTENTS

第一章 揭秘项目化学习 1
    1.1 初探项目化学习 2
    1.2 项目化学习（PBL） 7
    1.3 PBL 和传统教学 15
    1.4 项目化学习的特征 16
    1.5 项目化学习的构成要素 21
    1.6 外国的创新型学校实践项目化学习介绍 23

第二章 项目化学习在"未来" 26
    2.1 项目化学习促进学生发展 27
    2.2 项目化学习促进教师成长 35
    2.3 项目化学习促进学校教学发展 37
    2.4 "高水准"的项目化学习 45
    2.5 "未来"，教师的作用 47

第三章 项目化学习实践案例 50
    3.1 计算思维 51
    3.2 高中信息技术学科核心素养的分析 55
    3.3 项目化学习教学模式的构建 60
    3.4 面向计算思维培养的项目化学习教学设计 ... 62

第四章　项目化学习实施中的关键问题 74
 4.1　用好学习支架 76
 4.2　跨学科项目项目化学习的实施 91
 4.3　STEM 项目化学习模式构建 98
 4.4　STEM 项目化学习主题确定依据 100
 4.5　STEM 项目化学习活动设计原则 101
 4.6　STEM 教育案例设计 102
 4.7　跨学科教育与多学科有效融合 114

第五章　通过项目化学习培养学生的创造力 116
 5.1　创造力 116
 5.2　创造力的测量 121
 5.3　项目化学习与创造力 125
 5.4　创造力的影响因素 128
 5.5　设计具有创造力和创新力的项目 134
 5.6　创造力培养的原则 140
 5.7　学生创造力培养的策略 146
 5.8　面向创造力的教学模型设计 154

第六章　运用项目化学习的八大策略 161
 6.1　组建项目小组效果最大化的策略 161
 6.2　有效目标制定策略 166
 6.3　高效率学生自主学习的策略 168
 6.4　有效提升学习交流和展示策略 170
 6.5　小组学习中合作学习的优化策略 171
 6.6　当堂训练的有效检测策略 173
 6.7　集体备课中的有效研讨策略 175
 6.8　课堂教学问题设计策略 178

第一章　揭秘项目化学习

各行各业都有各自的规律可循，我们的教育业常被比作农业而非工业。这说明教育和农业之间有着不少共同的特征。在农业中，种子是生长的主体，在教育当中这个种子就是学生；在农业当中种子生长的条件是土壤、大棚、技术、肥料，在教育当中就是学习工具与资源；在农业当中的务农者在教育中就是教育者——他可能是老师、家长以及社会中的其他人。种子、生长条件、务农者，这三个方面，哪个方面的改变最重要？

袁隆平先生的杂交水稻技术告诉了我们答案——用科学的方法改变种子生长的方式！不用依靠昂贵而先进的设备，更不用更换务农者，只需科学地研究、实验，用一项研究与流程，就能改变农作物的生长方式，他给中国和世界带来了一次绿色农业革命，提高了水稻的产量。

回到教育行业，我们想带给孩子不一样的学习内容，不管从主题阅读到传统文化，还是从国际理解到生态保护，抑或是从编程到人工智能。我们也想带给孩子不一样的学习工具，从以前的小棒、算盘到电脑、iPad、云课堂甚至更多。

孩子们就像那一颗颗种子，如果他们的生长方式没有发生改变，我们究竟能否让一切努力透过量的积累到达质的变化呢？

1.1 初探项目化学习

我国教育部制定的《普通高中信息技术课程标准（2017年版）》中，明确提出了要围绕信息技术学科核心素养，倡导基于项目的学习方式开展教学。而项目化学习的特点正好与高中信息技术新课程标准的要求相符，它以项目为依托、以教师为引导者、以学生为认知的主体，鼓励学生在参与项目任务的过程中，不断完成对知识与技能的良性建构，从而提高学生信息技术的应用能力，培养学生的创新思维，进而达到全面提升学生信息素养和综合能力的目的。因此，项目化学习的特点正好与新课标的解读相吻合。

传统信息技术课堂教学中，教师是主导，学生是被动参与者，经常存在教师边讲边演示、学生先听后模仿操作的现象，学生思考的时间很少，师生课堂上的互动少之又少，使得课堂枯燥无味，无法体现信息技术学科应有的活力。在实习教学阶段，我通过观察高中生信息技术课堂的表现，发现部分高中生渐渐丧失了在信息技术课堂中应有的积极性与主动性，课堂参与性较差。在传统教学模式下的高中信息技术课堂，学生的探究能力和创新能力得不到很好的提升，教学已经逐渐丧失其独特的艺术魅力。而项目化学习通过让学生合作解决真实的问题，探究隐藏于问题背后的知识，可以切实提升学生的课堂参与度，进一步激发学生的求知欲和探索欲，使课堂氛围更为活跃，符合传统信息技术课堂对提高课堂活力的迫切需求。

从提出课改到现在不到二十年的时间里，学习方式有改变吗？

未来不仅会带来希望，也会带来焦虑。焦虑来自两点，一是学校变得散漫，二是伟大的技术也不能快速改变平庸的教学。基于这样的焦虑，今天主要探讨学习方式的变革。

学习方式变革包括了两个问题：学生如何学、如何发展；教师如何教、如何发展。这两个问题必须同时考量。

个人认为可以统筹两个问题的一定是"学习共同体"原则。那么，有没有一种教学方法，可以有效地推动学生主动学习、个性化学习、深度学习和无边界学习，并且可以有效地促进教师主动发展、深度发展和全能发展呢？有。这就是项目化学习，它可以实现对两个问题的精准打击、全面打击和凶狠打击。

1. 探究与协作是项目化学习的核心精神

陶行知先生的教育理念是建立理想社会的精神，而协作和探究的精神是项目化学习的核心，也是未来的核心要素。项目化学习的设计中，团队合作是核心。《人类简史》中所说，智人之所以能够在苛刻的环境中生存下来，是因为语言开启了协作的可能，进而人类又制作出种种工具。

无论是选定项目、制定计划、活动探究，还是作品制作、成果交流、活动评价，都需要协作，离开了协作，项目化学习的核心精神就没法存在。

举个例子，北京某一NGO组织有一个项目是到圆明园里寻找蝴蝶，其实圆明园里一只蝴蝶都没有。为什么还去找呢？因为找的过程就是学习的过程，"为什么没有蝴蝶"的追问就是学习的意义。所以过程和问题就是这次探究活动的全部价值。

对问题本身的思考就是学习的价值，学习的过程本身就是学习的目标。所以好问题是成功实施项目化学习的第一步。一个好的问题能够提供给学习者一个广阔的、多向度的探索空间，既能够激发起学习者的内在动力，也能够提纲挈领地指出持续思考、自我探究的方向。

在项目化学习中，知识来源于对象，找到真问题，并努力去解决问题。《极有可能成功》这部教育纪录片里，全面实行项目化学习教学法的HTH学校校长说："在漫长的学校生涯里，我们从来没有给予孩子们自己做决策的机会，更没有培养他们自己做决策和独立解决问题的能力，却期待他们一毕业，到了工作场合以后马上接手大项目，解决大问题。这根本是不可能的。无论是协作还是探究，对民主社会的价值，对一个正在发展中的开放世界都很有价值。"

2. 项目化学习催生教师理论自觉与实践智慧

项目化学习教学法特别有利于培养教师，其包含了许多在当今世界中有影响的教育理论，至少认为有四个方面：

第一方面是建构主义，包括情景协作对话和意义建构。

第二方面是实用主义，包括经验中心、儿童中心、活动中心。

第三方面是发现学习，经历知识孕育的"十月怀胎"之苦，才能享受求知之乐。知识不是外在的给予，而是不断地寻找。再好的悟性都代替不了经验，再好的灌输都代替不了发现。经验的价值是不可替代的。

第四方面是社会学习，班杜拉认为个体、环境和行为的影响是相互的。这是学生学习非常宝贵的途径。如果在教师培养当中能够始终强调项目化学习教学法背后的理论基石，便可以有效地催生教师的理论自觉，提升教师的实践智慧。

3. 项目化学习教学法引发学习的变革

项目化学习可以变被动的学习为主动的学习，变书本的学习为经验的生长，让教学从"吃药"变成"吃饭"，帮助学习者建立成果意识。从吃饭到吃药是一个根本性的变革。教育的目的不是为未来生活做准备，而应该是让每一天都变得美好。现在总是在学校里让孩子吃"药"，让孩子在考场上过关斩将，以为收获丰富，这是非常荒谬的事情。要把教育从"吃药"变成日常的"吃饭"。

举一个山西的例子，2013年，山西开始自编项目化学习手册，将每个学期的教学任务分解成六个项目，即整理家族历史，探寻传统节日，走进体育世界，品读魏晋诗文，唱响经典音乐，探究神话寓言。学生以做项目的方式学习语文，学生的知识、能力、态度等都能转化融入六个项目中。学生所需的语文素养、人文素养以及科技素养也将涵盖其中。比如唱响经典音乐这一项目就将对艺术、对感官、对设计、对语言、对文字的理解包含在其中。在项目过程中不仅重视设计，而且重视流程管理。以写家族小史为例，学生寻根采风，边读边写，交流共享。

这样的学习意义在于可在实验过程中，将课内外时间进行统筹使用，每个项目的课内外总时间约为 20 个学时。这样可以让学生对项目主题有深度的、反复的接触，达到深度学习的目的才是项目化学习关注的地方。这个项目将碎片化的内容转化为整体项目，把被动的听讲做题，转化为主动的项目实施。学生活动成为教学的主体，巩固性的训练减少，探究性的活动明显增加。

如果一个区域都敢这样去做，一个学校为什么不可以这样做呢？一个老师为什么不可以这样做呢？在项目化学习过程中，老师的角色完全重塑：讨论前是组织者；讨论时是旁听者、记录者、鼓励者和引导者；总结阶段是总结者也是点评者；查资料过程中是学科专家，是任务的监督者；教学培训过程中是策划者和学习者。任何时候教师都有作用。

4. 项目化学习提供课程教学新视野

第一，项目化学习可以帮助学生更完整地理解课程。课程一定要强调"程"，即规程、程序、流程的重要性。过程，是现代性的体现。重视过程，而非盲目地追求结果。而这一点，恰恰是教育的痛点。学生综合能力的弱势常常体现在过程中、流程上。

第二，可以让教育者重新审视"课堂"。项目化学习是学习及其支持系统，这样的视角更加深刻，更具有延展性和生长性。

第三，把储备性学习变成应用性学习。对一个现代人而言，对经验的积累和反思就叫学习。项目化学习教学法的意义就是让人们从储备性的学习走向应用性的学习。

5. 项目化学习让学生成为自我导向的学习者

项目化学习的本质是自由，这也是其最重要的价值。项目化学习旨在使学习者建构起宽厚而灵活的知识基础；发展有效的问题解决技能；发展自主学习和终生学习的技能；成为有效的合作者并培养学习的内部动机。

学习的目标让学生成为具有自我导向意识的学习者，基本能力应该包含：有意识地反思学习方式，明确一段时间内学习的需求，尝试建立有效的学习模式，设置一定范围内的学习目标，确定有用的学习资源，合理地评价学业成就，充满好奇，永不满足。把学习变成愉快的经历，拥抱错误，善于回顾，具有自尊和认知上的韧性，不害怕，不畏惧，活到老，学到老。

如果教育者从不给予学生权利和机会，禁止学生探索和实践，学生便永远不可能学会"为自己"寻找学习的意义、制定学习的目标、探索学习的模式、寻找学习的伙伴、更新学习的内容。学生们将永远在老师的安排下，亦步亦趋地完成学习过程，无法建立起自我导向学习，更不可能成为有内在动力的学习者。想要成为有内在动力的学习者，第一是具备学会学习的能力，第二成为具有自我导向意识的学习者。基于自由的教学才是项目化学习的核心。

人具有自我反思、自我定义、自我筹划和行动的学习意志，而运用的能力和实践的范围则需要逐渐培养和扩大。就像肌肉一样，每个人天生都有肌肉，越使用越强健。但是如果不用，或者被强迫着不得使用，慢慢就萎缩了。自我导向的学习能力也是一样。教育者应成为那个陪伴学生锻炼肌肉的人。

未来的社会中，学习在窗外，他人即老师，世界是教材。

1.2 项目化学习（PBL）

项目化学习（Project-Based Learning，简称 PBL）最先于 20 世纪 50 年代在美国的凯斯西储大学（Case Western Reserve University）使用。其初衷是给医学专业的学生提供解决真实病例的机会。后来这种学习方式扩展到了商业、法律、工程和教育等领域。根据不同的翻译方法，项目化学习在中国也被称为"基于项目的学习""基于课题的学习""专题式学习"和"课题式的学习"。

Project-Based Learning（PBL）的理念是打通学科限制，以学生为中心，以解决某个现实问题为出发点，让学生发现问题。合作、思考、实践、展示、评价和总结。它强调学生在解决实际问题中学习，教师则是课程搭建和指导者。学生自主学习，教师辅助指导。

对于项目化学习模型的定义，国内外学者的观点有所不同，引用最多的有以下几种：

第一，William H.Kilpatrick 于1918年提出"项目教学法"（The Project Method），给出了明确的"项目"定义："项目"是一个"在特定的社会环境中所发生的、需要参与者全身心投入的、有计划的行动。William H.Kilpatrick 认为学生打算实施的任何行为都可以被视为"项目"。

第二，《项目化学习教师指南》一书的作者巴克认为，"项目"是一种系统的教学方法，是探索实际问题的过程，也需要精心设计项目、规划项目和实施项目。

第三，国内学者刘延申认为，项目化学习是基于以往的研究，收集数据，分析研究，撰写论文等，并将理论知识与实际问题相结合，以获得全面的培训和提高。同时，学生还需要交换和展示学习结果。

通过国内外专家学者对项目化学习模式的定义，可以看出项目化学习不仅是一种学习模式，而且是一种教学模式，是学生模拟实际情况，解决实际问题或实现某个目标和创造某种产品的过程。项目化学习最终旨在产生具有实际价值的作品，通常在现实生活中进行研究活动时需要

第一章 揭秘项目化学习

团队合作。

项目化学习模型是一种以学生为中心的教学模式和学习方法，在提高学生的学习能力方面发挥着重要作用。学生有计划地实施项目，用项目的作品来解决现实问题，能够提高创新能力。项目化学习的目标是通过实践方法与现实相结合的方式，使学生更有效地掌握学科知识（Subject Core Knowledge），并在此过程中培养学生的社会情感技能（Social-emotion Skills）。

在一个项目化学习当中，有几个非常关键的环节：提出问题（Propose），规划方案（Plan），解决问题（Execute）和评价和反思（Judge）。老师在每个环节都要起到引导学生的作用，根据项目的主题、学生的表现不断调整自己的教学计划和项目的进行计划。教师在整个教学模型中，更像是学生学习的协助者，在较为松散的课程计划中为学生提供大方向的引导，帮助学生顺利完成项目。

设计者在为学生制定一个项目计划的时候要考虑以下几点：

- 重点的知识和技能
- 具有挑战性的问题
- 持续设问
- 真实性
- 学生自主选择
- 反思
- 修改
- 公开展示

项目化学习为什么是一个值得我们去探究的学习方式？原因是在它的完整流程里，每一个环节都有值得我们去学习的要素。

1. 设计一个好的驱动问题

怎么去设计一个好的驱动问题，我们有5A标准。

5A思考法的具体思想是指按照5个步骤解决问题：

第一步：定义核心问题。要会提出问题，ask the right questions，找到什么是关键性问题；

第二步：数据化解析问题本质。要擅长用数据的技术和方法解析问题，analyze the nature of the problem。这里提到的数据的技术和方法有很多，比如：指标分解、层次分析法、聚类、逻辑回归、知识图谱技术等等，具体用哪些要视不同的场景和问题而定。

第三步：构建数据化解决方案。在问题本质性的解析之后，提出针对性的数据化解决方案。要会设计数据化的解决方案，advance a data-oriented solution。数据化解决方案包含的内容有：数据分析报告，数据建模需求规划说明书，数据产品PRD文档，数据产品使用手册、大数据平台建设规划与建设方案等。数据化解决方案实际交付的内容要根据具体场景和问题而定。

第四步：实施方案、解决问题。按照既定的计划，采取具体的行动，take action。这一步跟传统的解决问题所采取的行动套路是一样的，略有不同的是，这里更加强调用数据记录和监测方案在具体执行时的情况，做到过程数据有留痕、数据监测不停歇。

第五步：效果反馈数据化。也就是用数据作评价，appraise。问题解决的程度和效果，最终还是要数据来说话，用数据做出评价，这样就形成了用数据解决问题的闭环。

以上五个步骤,按顺序对应五个关键词:问(Ask)、解(Analyze)、构(Advance)、行(Action)、评(Appraise),也就是5A方法。

案例简析

案例:国家现在鼓励地摊经济,我要不要也去摆地摊?

以上问题按照5A方法拆解如下:

(1)问(Ask):原问题可以继续分解为5个问题:①自己真的想清楚了要去摆地摊了吗?②自己适合摆地摊吗?③如果去摆地摊,你准备卖什么吗?④如果去摆地摊,你准备去哪里卖呢?⑤如果去摆地摊,你准备把想卖的东西卖给谁?

(2)解(Analyze):对5个问题从数据解读进行拆解。

①自己真的想清楚了要去摆地摊了吗?

摆地摊这件事情,自己在决策时先要算一笔账,要考虑用数据进行测算和分析,你准备投入多大的成本,计划创造多少收益,你需要做ROI的测算。

②问题2:自己适合摆地摊吗?

摆地摊是件辛苦活儿,并不是每个人都能干的来的。你需要分析自己的性格、口才还有带货能力,当然还需要有生意头脑才行。用数据的角度来说,就要建立一个摆地摊适合度的评分模型,你的评分越高你就越适合去摆地摊。

③问题3:如果去摆地摊,你准备卖什么吗?

这个问题说的就是带货,也就是WHAT的问题。卖什么东西呢?你需要列出一份清单,把能卖的物品都罗列出来,这跟做数据治理时要搞数据资产目录是一样的道理。

④问题4：如果去摆地摊，你准备去哪里卖呢？

这个问题说的就是渠道或地点，也就是Where的问题。在哪里卖呢？朋友圈里已经有人发出了北京的摆摊地点，百度地图已经火速开通了摊位地点信息审核绿色通道，看看大百度这速度，也正是很互联网的。利用朋友圈的数据、百度地图的数据可以解决"在哪里卖"的问题了。

⑤问题5：如果去摆地摊，你准备把想卖的东西卖给谁？

这个问题说的就是目标用户定位，也就是Who的问题。卖给谁呢？你需要分析谁会对你所卖的物品有需求，从数据的角度来说，就是要做一个目标用户的画像，给他们贴上标签，然后再在现实生活中找到他们。

（3）构（Advance）：

对以上所提的五个小问题分别进行研究，形成具体数据分析和测算模板，提出一整解决方案。如果适合摆地摊，那么决定去哪里摆、卖什么东西、卖给谁等，做好相应的落地方案。如果不适合摆地摊，那么直接可以否定这个念头。以问题②为例，用数据建模的方式来分析和解决问题。建立一个摆地摊适合度的评分模型，大致方案如下：

①设计测评指标：主观意愿（态度、渴望程度）、客观条件（时间允许度、物品准备充分程度）、个人特点（外向型、口才、外貌）

②权重分配：采取层次分析法设计专门的打分表来计算各指标的权重

③选择测评方法：设置专业的测评量表，由用户自行回答问题，也可请亲朋好友一起来参与点评，根据答案给出评分结果

④结果应用：80分以上具备摆地摊能力，80分以下暂不适合

（4）行（Action）：

按照以上方案，形成最终决策。如果决策是要去摆地摊，则要制订行动计划、做好准备和采取行动。并且，在实际摆地摊的过程中实时监测自己的经营数据：客流数、询问数、成交数、成交率、交易额、交易商品数量、交易时段等。如果决策是不去摆地摊，那就没有这个步骤了。

（5）评（Appraise）：

如果决策是要去摆地摊，则要对自己的摆摊经历做阶段性总结和评价。比如：当初设定的目标值是否达到？自己有没有做到很好的成本控制？某某商品是不是和预期一样大卖了？通过对这些问题和相应指标的分析测算，评价自己的经营能力和当初的决策是否恰当。

什么是重点内容（High Impacted Content，简称HIC）不是所有的学习内容都适合被设计为项目化学习，只有值得被探究的学科内容才适合设计为项目化学习，这些内容就是HIC，很多人在操作时会忽略这一点。

面对未来的终身学习力，例如发现问题的能力、合作与沟通能力、信息素养、表达与沟通技能，等等，在流程的不同环节中会反复刺激并且不着痕迹，因为所有的合作、表达、提问、解决都是为了完成项目而或深或浅自主产生的，而非老师命令。最后，我想说，项目化学习在为知识、能力提供支撑的同时，最重要的是带给了我们"意义"，解决真实世界的问题，让这个世界因为有我们多多少少能变得更好一点，这也许本来就应该是学习的意义，而知识也好、信息也罢，只是工具。

2. 展示和评价

在项目化学习的整个流程当中，我们不但不回避考试和评价，而且把考试和评价放到流程当中非常重要的位置。我们可以不通过考试而通过其他的方式，但必须要评价。

在项目化学习的过程当中，孩子的每一次学习成果都必须要面向公众进行展示，虽然都是展示，但我们评价展示的标准不一样，有的展示是需要评价艺术品的设计和表达能力，有的只需要评价小组合作能力，最后展示的东西是不是特别亮眼不是很重要。所以尽管都是展示，但评价的标准是根据这一次项目化学习的目标来定的，不像舞台表演一样，要打好灯光、人要美美的才是一个好的展示。

除了展示之外，项目化学习特别强调的是跟真实专业的人去学习。比如学生在项目化学习当中需要运用到采访技能，我们就会请智库的资深记者亲自来教；学生在游学的过程当中需要了解民俗文化保护的现状，那他们就要去调查和了解当地最专业的"非遗"传承人。

除了专业的学习之外，我们还需要专业的听众。如果学生今天做了项目化学习，但只是跟同桌分享，他的成就感肯定没有与专业人士分享来得强烈。如果我们做的是水污染的项目化学习，我们就会把当地有关部门的专业人士请进课堂来做讲解，而不是小明讲给小红听，小红讲给小明听，时间长了就会让学生丧失学习的动力。

在过程当中还会有小组合作的分工表，以及批判性思维，探讨"全球变暖是不是一场骗局"的项目就是训练批判性思维非常好的例子。发达国家说这是一场骗局，因为按照气候约定，发达国家每年要赔给发展中国家数以亿计的资金；但发展中国家又认为你到我们这儿来发展工业，污染了空气。因为每一个国家的利益不同，就会导致对同一个话题"全球变暖是不是骗局"产生不同的观点，这是培养学生批判性思维一个非常好的方式。

在项目化学习当中，我们能培养什么？**其实就是培养一种能力，一种帮助学生终身学习的能力。**包括发现问题的能力、解决问题的能力、与人合作的能力、表达能力、认知能力以及批判性思维。

1.3 PBL 和传统教学

1956 年，心理学家吉尔福特（J.P.Guilford）提出了聚合思维（Convergent Thinking）和发散思维（Divergent Thinking）的概念。前者是线性的、系统的，把多种想法压缩成一个解决方法；而后者是网状的，关注想法之间的联系。

传统教学更倾向于培养孩子的聚合思维。鼓励孩子把知识集中在某一领域某一问题，去问为什么，然后进行分析。而发散思维鼓励孩子去扩展，灵活使用学到的知识和技能，多问为什么不能，鼓励天马行空地发挥想象。

聚合思维和发散思维你中有我，我中有你，视具体问题用相应的方式去解决。而且两种思维有交替也可以转变，有的孩子本身的性格也会使他们更倾向于某一种思维方式。

项目化学习以解决社会生活中的实际问题的"项目"为学习方式，提倡在"项目"中合作、实践和反思。传统的学习方式（Lecture-Based Learning，LBL），是以授课为基础，与之相比，项目化学习教学模式更能培养学生的**自主学习能力**。在这样的前提下，就要求教师在精通某一领域知识的同时，更要以一个引导者的身份通过以下几种方式，培养学生的能力，实现作为教师的价值。传统教学中也有"项目"的开展。项目化学习中的"项目"和传统课堂中的"项目"有何不同？表1.1简单总结了两者的不同。

表1.1 项目化学习中的"项目"与传统课堂中的"项目"

项目化学习中的"项目"	传统课堂中的"项目"
通过"项目"来学习	通过"项目"产生结果
包含学生的声音和选择	按照教师的指令
重视学生的询问	提前设计好的问题
加入同伴评价和自我评价	只依赖教师评价
学生自己掌握"项目"过程	教师掌握"项目"过程

1.4 项目化学习的特征

项目化学习教学模式经常与基于探究的教学模式相混淆。基于许多学者对教学模式的探索和推广，可以归纳出来，该模型主要有五个主要特征：以真实情境下的问题为中心；新型的教师与学生的角色定位；以小组学习为主要的学习形式；技术工具支持学习；创造作品。

1. 以真实情境下的问题为中心

亚里士多德曾经这样说："问题是疑惑和惊喜的具体表现。"而这也是项目化学习教学模式中最重要和最具特色的关键组成部分。项目化学习课程设计和实践是否有效，"真实性"就是最重要的评判要素之一。

那么，项目化学习的"真实性"到底指的是什么？正如任何词语到了不同领域会衍生出不同的特点，"真实性"在教育领域以及项目化学习中也会有一些不同，具体来说我把它归类为3大类、13小点。

(1) 真实的任务。

● 任务以学习者感兴趣的、真实的、相关的、现实世界的问题为中心。比如春节假期，让学生去举办一次"饺子联欢会"，这个问题大部分学生会感兴趣吗？这个问题是现实生活中会出现的吗？学生为什么要关注这个问题？

● 任务的探索过程突破教室，与教室之外的世界紧密相连。这一点相对好理解，校内、家庭、社区等都可以成为项目的任务环境。

● 任务中的解决过程和结果的形式不能被过多限制，并允许学生构建自己的问题和回答。任务是学生自己根据要解决的问题主动生成的，还是师生共建的，还是老师分配给学生的？

● 任务的解决往往是跨学科的，它需要整合几个学科的内容，并产生超出特定领域学习成果的结果。

(2) 真实的学习。

● 学生主动进行任务环境以及任务本身的探索。老师切忌"急性子"，避免手把手，要充分相信学生。

● 学习是学生驱动的，老师、同伴、家长和外部专家只是在学生需要的时候提供帮助和辅导。要让学生认识到学习是掌握在自己手里的，是需要自己的负责的。相信我，只要做得好，"皇上不急太后急"的情况会越来越少。

● 学生需要运用高阶思维技能，如分析、综合、设计、评估等。注意，有教学目标、驱动问题、成果及成果展、子任务、评估等并不能保证你的课程是项目化学习,如果学生不需要运用高阶思维,那你的课程还是"动手不动脑"的"做项目"。

● 学生制作出的产品具有一定的实际应用价值,可以与课堂以外的观众分享,清晰地表达他们的学习过程和学习成果。

● 学生制作出的产品是具体的,允许他们共享和批评;这种反馈能让学习者进行反思,并加强他们的学习效果。杜威先生说过,人不是从经历中学习,而是从反思经历中学习。相信你也是认同的。

● 学生有机会进行小组讨论、合作。如果你的项目太简单,不需要讨论、合作,那项目的魅力就大打折扣了。项目要有一定的挑战,对于学生来说"不跳够不到,跳了才能够得到",把握好这个度才能创造学生去"讨论、合作"的需要。

(3) 真实的评估。

● 真实的学习评估被无缝地整合到学习任务中,以反映类似的、真实世界的评估,这被称为"真实评估"。传统的学习评估则是在学生获得知识或技能之后才进行考试。

● 真实性学习为学生提供了从不同角度审视问题的机会,允许不同的解决方案和多样化的结果,而不是单一的正确答案,这就需要匹配真实的评价方案。

● 做好包含测试、口头、观察、表现性任务等的形成性和总结性评价。

2. 新型的教师与学生的角色定位

在项目化学习模式中教师与学生的角色与作用相对于传统教学模式有很大区别,主要体现在:学生在项目化学习模式中是致力于解决问题的人，于是便成了课堂中学习的主体，而教师更多充当聆听者与建议者。学生通过对情境问题的分析，主动提出存在疑惑或难以理解的地方并公开发表自己的想法。然后围绕已有知识结构和自身的需要来拟定学习计划并付诸行动。他们通过搜集和整合各种各样有效的学习资源来找到合适的解决问题的方法。在项目化学习模式中，学生自身是学习的主导者，教师只是学生在学习过程中的引导者。教师通过一定的问题情景引导学生进行自我思考，以此提高学生学习的积极性，避免了以教师的教为主体的教学模式的弊端。教师作为整个课程的设计者和课堂的促进者，为学生创造出舒适开放的学习氛围。教师除了要实现准备好的具有现实意义的问题外，还要在学生解决问题的过程中巧妙地指引学生、恰当地评估学生的表现。但这不意味着教师的课堂地位变得没有以前重要了，反而对教师提出了更高的要求。因此，教师要在日常教学活动中不断增强自我理论的学习，在扎实掌握学科知识与充分了解学情的基础上设计出好的教学问题。

3. 以小组学习为主要的学习形式

在教学过程中，学习的形式也会在很大程度上影响教学效果。学习的常见形式是教师主导和学生自学，但随着教育观念的逐步更新和发展，小组合作学习在教育教学领域的应用开始逐渐受到关注和推广应用。教师将根据学习能力、学习兴趣和学习技能等特定标准对学生进行分工。目的是通过发挥学生各自的优势来激发团队的潜力，并改变教师在传统的被动接受模式下垄断教室的情况。通过不同小组之间的讨论与合作，突出了学生的教学主体性。在合作过程中，每个成员都必须履行自己的职责，每个人都必须贡献自己的想法，而不是借用思想。因此在这个过程中，能够充分培养每个学生未来发展所需的创造力和合作技能。此外，在这种模式的群体分配和分工中，有必要打破当前群体分配形式中"优生主导，差生随从"的趋势，使每个学生都能充分理解和发挥自己的优势，真正参与到课程当中。

项目化学习为学生、教师及社区成员彼此协作、调查问题、交流思想提供了机会。教室成为学习者共同体。在教室中，学生彼此之间协作，也可以和教师协作，提出问题、做出解释、形成结论、理解信息的意思、讨论数据、展示发现等。例如，我们让学生互相质疑，并对彼此的解释给出反馈。课堂外，学生参与到与其他学生以及与成人的交流中，通过协作学习提高学生对科学观点和学科的性质建构共享的理解。

4. 技术工具支持学习

技术工具能促进课堂环境的转变，使学习者积极地构建知识。爱德尔森提出了学校应运用技术工具的三大原因：

（1）技术与科学实践有内在的一致性。

（2）技术能够动态、交互地呈现信息。

（3）技术能为改变讲授—接受教学模式提供前所未有的机会。学生利用学习技术可以接触到互联网上真实的科学数据，通过网络与别人协作，收集数据，绘制图表，分析数据，创建模型，制作多媒体作品。学习技术允许学生扩展课堂视野，是强有力的认知工具，可促进教师的教与学生的学。

5. 创造制品

学习科学的研究表明，学生在创造制品的时候学习效果更好。制品是知识建构的外在表现。项目化学习中的制品是驱动问题调查的衍生结果。学生制品包括实体模型、录像带、绘图、游戏、戏剧、网站、电脑游戏等。制品要能体现驱动问题，表现出学生逐渐深入的理解能力，支持学生发展与项目化学习目标相关联的理解能力。

1.5 项目化学习的构成要素

项目化学习是以学科的概念和原理为中心，以制作作品并将作品推销给客户为目的，在真实世界中借助多种资源开展探究活动，并在一定时间内解决一系列相互关联着的问题的一种新型的探究性学习模式。项目化学习主要由内容、活动、情境和结果四大要素构成。

1. 内容

项目化学习的主要内容是现实生活和真实情境中表现出来的各种复杂的、非预测性的、多学科知识交叉的问题。内容有如下特点：

（1）内容应该是现实生活中的问题，是完整的而非支离破碎的知识片段，即强调知识的完整性和系统性；是值得学生进行深度探究、学生有能力进行探究的知识。

（2）内容应该与个人的兴趣一致。

2. 活动

项目化学习的活动主要是指学生利用一定的技术工具（如计算机）和研究方法（如调查研究）采取的探究行动。活动具有如下特点：

（1）活动具有一定的挑战性。

在项目化学习中，学生会遇到一些具有一定难度的问题。对这些问题的探究活动能够促使学生掌握现实生活中复杂的概念和技能；在不同情境中运用这些技能；完成类似"行家"的任务，履行专业性的职责，形成一定的成绩，通过这样一系列活动形成和提高自身的技能水平。

（2）活动具有建构性。

在项目化学习中，活动给学生提供一种学习的经历，学生能够借此建构自身的知识。这种知识的建构是通过如下的程序来实现的：学生确定问题，寻求解决问题的办法，对问题进行研究，选择信息，分析信息，合成信息，并将新获得的信息与以前所学的知识联系起来。由于项目化学习允许学生建构并生成自己的知识，所以他们很容易对知识进行记忆和迁移。

（3）活动应该与学生的个性一致。

项目化学习适应于用不同的方法学习，能给学生提供多种方式参与和验证他们的知识学习，适合各种各样的智力技能（如肌体运动技能、图像技能）的学习，也能适应不同的学习风格，如个别化学习或者小组合作学习，还能给家长提供其子女各种成绩的信息。

3. 情境

情境是指支持学生进行探究学习的环境，这种情境既可以是实体的学习环境，也可以是借助信息技术条件所形成的虚拟环境。情境有如下特点：

（1）情境能促进学生之间以及学生和社会团体之间的合作。

和其他学习模式相比，项目化学习能给学生提供更丰富的、更具真实性的学习经验。因为它是在社区环境中进行的。在这种情境中，学习和工作需要相互依赖和合作。这种环境同时也能使学生防止人际冲突，并且帮助其解决人与人之间的冲突。在没有压力、精诚合作的环境中，学生对发展他们的能力充满了自信。

（2）情境利于学生使用并掌握技术工具。

情境为学生学会使用各种技术（如计算机技术和摄影技术）提供了一种理想的环境，能拓展学生的能力并为他们走向社会做好准备。

4. 结果

结果是指在学习过程中或学习结束时学生通过探究活动所学会的知识或技能，如小组合作学习技能、生活技能、自我管理技能等。项目化学习模式能促进学生的高级认知技能和问题解决策略的形成，为培养专业技能和训练专业研究策略（如历史研究、人类学研究、文艺评论等）提供服务，促使学生"学会学习"。

1.6 外国的创新型学校实践项目化学习介绍

AltSchool是在硅谷受到热捧的一所小学。这所面向学前班到8年级孩子的学校吸引了Facebook创始人扎克伯格、乔布斯妻子等硅谷传奇投资人。AltSchool是一个真正意义上的，以儿童为中心，以项目为基础方式而实现个性化教学的教育机构。以美国AltSchool实际运用的项目化学习为例，我们可以看到一个完整的项目化学习是怎样的，老师如何在项目化学习中帮助学生完成学习目标。

项目化学习教学最根本的一点，是老师需要了解学生的兴趣和需求，然后从教学的整体目标出发，为学生匹配适合的项目，并根据项目的不同进行相应的指导。因此，在每一个项目化学习当中，都是以学生为中心，以老师为引导。这在AltSchool的课程案例中有非常明显的体现。

首先在帮助学生提出问题的环节，老师通过启发式设问帮助学生理解所做项目的目的和内在逻辑。学生在帮助下就可以理清整个项目中自己需要关注的重点。老师在项目初始阶段，会根据项目的不同，提出不同类型的设问，从而引导学生明确该项目所要解决的实际问题是什么。如果是设计能源型房屋模型，就引导学生思考每个人需要多大的空间；如果是要设计一款新的游戏，那就要引导学生思考目前市面上有哪些游戏，受欢迎的有哪些，以及它们为什么受欢迎。

接下来在规划方案和解决问题的环节，学生可以和老师、项目相关的专家一同探讨，并通过各种形式呈现出研究结果。比如在设计能源型房屋的项目中，学生解决问题的呈现形式是通过3D设计软件完成房屋设计的模型；而在设计游戏的项目中，学生最后要设计出一个游戏的故事大纲和基本界面。不同的主题就要求学生综合运用各个学科的知识，并通过与老师的交流，不断完善自己的计划。

而最后在反思与评价的环节，学生也会和老师、家长一同梳理自己设计项目思维的逻辑、项目在执行层面的问题和经验，等等。这几个环节形成的闭环，帮助学生在项目进行的过程中加深对学习目标和内容的理解，也可以极大地调动学生学习的积极性。

备受关注的其他几所美国新型学校例如Summit Public Schools、Khan Lab School，也一直在课堂中实行项目化学习教学模式，希望通过项目化学习培养学生深度学习的技能以及批判性思维的技巧。

例如 Khan Lab School，通过测评按照学生的自学能力等级分层（Independece Level）安排项目化学习，让不同年龄和拥有不同自学能力等级的学生参与到项目设计和实践中，达到培养学生创造力和个性发展的目的。而由 Facebook 投资成立的 Summit Public School，也通过个性化学习平台的管理工具，由老师对学生学业内容和项目的完成情况提出实时的反馈。这些项目化学习的实践方式虽各有侧重，但都希望通过与现实问题相结合的项目形式，最大限度调动学生学习的积极性。

第二章　项目化学习在"未来"

　　未来科技学校通过在课堂教学、课外活动中有机渗透传统文化精髓从而深植中国文化根基；立足语言技能，汲取海外文化，培养世界眼光；开展项目化学习，培育科学素养，奠定科技基础；融汇古今中外，追求美好生活，崇尚人文情怀。

　　未来科技学校在项目化学习实施上有着得天独厚的条件。美国顶级创新名校HTH的教师亲自带领未来学子做研究项目，同时充分发挥本校教师的专业能力在课堂内外开展项目化学习，并且聘请社会业界精英在专业领域引领学生发展。

　　教学是一种人为的和为人的社会实践活动，正是这种人为性决定了教学是一种价值负载的活动。教学作为价值活动，是以需要为动力的，离开教学需要，教学将难以维持。项目化学习作为一种实用性与人本化相结合的具体教学模式，同样蕴含有一定的价值即教学意义，它不仅可以满足学生和教师的个体发展需要，而且对于传统教学也有一定的补充促进作用。

第二章 项目化学习在"未来"

2.1 项目化学习促进学生发展

教学的理想追求是,一方面满足个体功利性的需要,即培养适应社会要求、能在"现时"中学会生存的人;另一方面,满足个体发展的需要,引导个体超越自我,构建一种有意义的生活,不断走向完善与崇高。项目化学习是实现教学理想的有效途径,其在学科教学中的有效应用,使学生在主动探索和发现的学习过程中,在对信息敏感和准确判断的过程中,在面对问题多种可能性做出正确选择的过程中,主动把握机会、积极寻求发展,形成对周围世界和自我的积极态度。这是一个在"成事"中实现"成人"、通过"成人"促进"成事"的过程,学校教学从外在的工具价值转换到对内在的生命价值的追求,实现了由传递学科现成知识的教学向以知识教学为载体实现学科育人价值的转换,将学生生命的自由全面和谐发展视为最根本的共通的价值,培养能在当代社会中进行主动、健康发展的人。

近期,中央外事工作委员会办公室主任杨洁篪在中美高层战略对话中展现的口才让国人折服,现场翻译官张京完美地翻译出了这段超长发言,中文和英文的语言魅力体现得淋漓尽致。未来科技学校一直创造机会让学生感受双语魅力,每隔两周,在学校的食堂和教学楼的显著位置就会出现设计别致的周末双语讲坛海报,这意味着周末双语讲坛要开讲了。

与一般的双语讲坛不同,未来科技双语讲坛的所有策划和组织都由学生自己完成,从选题,报名,准备演讲稿,到设计海报、邀请学生、老师和家长参加,以及即兴表演、主持和电子设备调试等,所有环节都由学生完成，是一个真正的项目化学习。

项目化学习是一种格外重视过程的学习方式，无论学生在讲坛中的表现如何，都收获了最真实的体验，都会得到来自同学、教师、家长和校长的真诚而具体的反馈，从而获得再次迭代作品的机会。

语言水平、演讲水平、设计能力、合作能力、组织能力和人际交往能力，学生的这些核心素养就是在实际问题驱动下，在作品展示、批判性反馈和迭代中得到了显著提升。

1. 氛围自由使学生的学习更加积极主动

学习状态是学生在学习时的心理、情感、态度、思维等的活跃、接纳、参与状态的综合，良好的学习状态可以提高学生的学习效率，是学习成功的一半。自由的状态是创造性思考的状态，积极而富有创新精神的思维习惯和创造性见解只会在比较自由的氛围中产生，自由才能促进学生智慧的产生和心智的发展。从这个意义上说，真正的学习是自由的学习。而处于游戏状态时的人是自由、自愿、专注和忘乎所以的，因此，教育需要具备一定的游戏性，即教育过程中自主、平等的精神以及在自由与限制之间保持适当张力的精神，为学生提供一个开放的环境并使其稳定在一个恰当的节奏。正如，罗素指出不合理的教育是威胁人的自由的社会因素之一，从一定意义上说，教学活动中人的游戏性的缺乏是造成学生厌学的重要原因。带着功利性目的的学习，会使学生成为"工具人"，得失心过重，精神疲惫，很容易陷入浮躁和焦虑的学习状态。当学习成为所有学生在同样内容上的熟练度竞争时，学习就变成了一件与自我、与人的发展无关的事情。当外部的控制和压力移除后，学生往往不愿意学习，失去了学习的动力和创造性地思考与解决问题的能力。应当允许学生选择自己的人生方向和生活道路，而不是成为一个违背自由本性的提线木偶。人有自由意志，人们对于自由的渴求是生命的源动力。所以，教育不能仅仅是信息的简单传递，更应该是培养学生对知识的热情，让每一个孩子的心智自由发展。

学习不是一种外在的控制力量，作为一种发自内在的精神解放运动，其动力不应该是成绩排名，而应是对所学知识的内在渴望。从另一个层面来讲，立德立言，无问西东；厚积薄发，从容自信。卢梭说过，"教育最重要的原则是不要爱惜时间，要浪费时间"，教育是一个缓慢而优雅的过程，在这个过程中才能沉淀一些有用的东西。与传统教学模式相比，项目化学习改变了堂堂清、周周考带来的匆匆忙忙、争分夺秒的紧张学习氛围，以期让学生从容地学习，让学习节奏慢下来。在项目化学习中，学生的身心是放松的，而且是自由的，有更大的自主性和更多的热情，主动参与且乐于探究。在项目化学习的小组合作中，学生有充裕的时间进行思考、质疑、假设和体验。学生将更有安全感，变依赖为独立，变被动为主动，更乐于表达与倾听，更愿意参与到团队中，拥有更好更轻松愉悦的学习体验。学习是一个由"不知"到"知之"再到"好之"最后到达"乐之"的过程，乐学是学习过程的最高境界。在项目化学习中，会出现一些不同类型的学生，会有"保持者"，也有一些学生实现"反转"。有些在事实类测试中取得高分数的好学生可能会成为项目化学习中令人失望的学生，有些中等生、学困生则可能会成为令人惊喜的学生，这部分令人惊喜的学生会在创造性、合作、自我调节方面得到更高的分数。这不仅可以帮助学生实现从厌学到乐学的积极转变，而且在一定程度上打破了固化的学生层级，有助于教育公平的实现。

2. 合作探究使学生的学习更有深度

蒙台梭利说过，"我看过了，我忘记了；我听过了，我记住了；我做过了，我理解了"。由此观之，学习是一种有目的获取知识或理解事物的思维过程，而不经过大脑的思考、没有形成自己思维产品的学习不属于真正的深层次的学习，没有学生对知识建构的主动性，教学就难以对学生形成预期的效果。

加涅按照从低级到高级、从简单到复杂的顺序将学习分为信号学习、刺激反应学习、连续学习、语言的联合、多样辨别学习、概念学习、原理学习、解决问题八种类型。从学习的深度来说，传统的教学更接近于加涅分类里简单的浅层次学习。传统教学重视知识的广度，为"多快好省"地在短时期内掌握大量知识，学生被动地接受事实性的知识，死记硬背、抄抄写写，对书本知识和教师讲授进行简单的复制、记忆，并通过实验、练习等不断强化记忆效果，大部分知识没有发生内化，至多只是变成了学生记住的若干信息而已。仅仅用大脑去接收某些观点，而不去证实、应用或与其他事物有机地结合，就会产生惰性思维。结果就是，有些学生即使上课听得极其认真，笔记记得细致工整，课后的作业也认真完成，但过一段时间学过的知识就会遗忘得一干二净。正如人们所自嘲的那样，高考之前上知天文下晓地理，但高考结束之后就进入了知识的倒退期，把学的知识都还给老师了。深究出现这种现实问题的根源，是学生在课堂上没有发生真正深度的学习。

学生对抽象概念知识的深刻理解不是任何文字形式可以引发的，项目化学习重视学生对知识理解的深度，是一种深度学习，能促进学生深度思考。深度学习是指向因何、为何以及何时应用、如何可迁移知识的学习形式，它也是一种高水平、高阶思维的学习状态，注重批判理解，强调学生通过探究与学习内容建立起密切的关系，从而把握事物的本质，深刻领悟知识间内在的固有联系，实现对核心概念、原理的全面理解，而非仅仅通过教师讲述掌握一些单个的知识点或者机械记住大量繁杂的事实性内容。因此，在项目化学习中，学习不是安静聆听和看教师演示，而是亲自发现、交流、设计、探究、质疑、修改、总结，"翻转"了布鲁姆的目标分类学，不是最初的知识→理解→应用→分析→综合→评价，而是从顶层开始设计，用高阶思维带动低阶思维。项目通过设计具有真实性、挑战性和驱动性的问题激发学生解决问题的欲望，一开始就需要学生有统领全局的、具有复杂性和策略性的思考，寻求解决问题的多种方法，完善解决方案，不断调整之前的认知模式。它不仅能够实现课标关于知识掌握的学习目标，而且通过形成一个由无知到主动学习进而再利用学到的知识解决问题，最后还能灵活运用知识的过程，使学生成为"知识的生产者和建构者"，能够更好地感悟知识的形成过程，深入理解知识技能的本质，从而完成对知识的建构。例如在通过制作不倒翁玩具学习"重心"概念的项目化学习中，学生通过对假设的影响不倒翁不倒的各种因素进行相对应的控制变量的实验，经过仔细验证和反复推敲之后，最终领悟重心原理和平衡之间的关系，并制作出一个标准的不倒翁玩具。学生亲身体验了学习过程之后，这种经历就会内化到学生认知结构中，而不仅仅是存储在头脑中的知识。

3. 情智统一使学生核心素养真正落地

在一段时间里，人像机器上的零件一样是可以互换使用的，引申到教育领域就表现为对效率、精确可测的过分追求以及对人文关怀的忽视，从而在教学上忽视人的个体性和独特性，在这里知识是首要的，学生是次要的。21世纪则是一个信息化社会和学习型的社会，这决定了教育工作的重心不再局限于教给学生固定不变的知识，而是更加重视个体认知、人际和个体内部的发展，注重对学习者自由人格的塑造。正如爱因斯坦所言，"教育是如果你把学校所学的都忘光了之后还剩下的东西"，学校教育的目标应始终把培养人的素养放在首位。面对社会对人才的要求，我国于2016提出中国学生发展核心素养，以"全面发展的人"为核心，强调从文化基础、自主发展、社会参与三个方面，综合培养学生的人文底蕴、科学精神、学会学习、健康生活、责任担当、实践创新素养。面对"核心素养"这一新理念，学者展开了如厘清概念、阐释内涵、建构理论等丰富的理论研究，深化了教师对于核心素养的理解和认知。然而，新的教育理念已经具备，一些教师却对如何将理念转化为相应的教育实践不明确，不知道什么样的教学才能实现核心素养的培育目标。因此，还需要探索发展学生核心素养的可操作性表达，为抽象的理念找到具体的落脚点。这样，教育变革才能在实践层面得以真正推广。

项目化学习之所以在我国获得如此推广，就是因为它指向学生学习素养的生长，它改变了长期以来将教育窄化为教学、将教学窄化为应试训练的教育模式，试图解决一项重大的教学任务，即将学生核心素养的培养具体到相应的教学实践模式，在发展学生主体性、促进学生社会化的同时提高学生的综合能力。学生运用已有知识经验和能力分析问题，又在解决问题的过程中学习新知识、增长能力品格，让知识与技能、过程与方法、情感态度与价值观的三维目标天然相融，形成核心素养培育的良性循环，使核心素养真正得以落地。

（1）项目化学习发展学生的主体性。

认知的主动性和情感的自我控制赋予了学生作为学习活动主人的应有合理性。然而，在传统师讲生受的教学模式中，总体上而言，师生之间往往是不平等的，因闻道在先、术业专攻，教师作为学科专家和教育专家拥有绝对的权威，学生的主体性因被教师的主体性所压制难以得到发挥，学生处在被教师操控的不自由的枷锁之中，情感缺失，师生之间本源性的真诚信任湮没在角色互动的表面下。学生没有以相对人格独立的个体共同参与教学的权利，在教学中缺乏思考的积极性和行为的主动性，而是安于服从求全和被动接受，以致成为丧失独立人格的无主体性的社会个体。事实上，学生具有很大的主观发展潜质，在一定程度上拥有掌控自己行为的能力。表现是人实现自我发展的一种方式，学生的发展就是在一系列的行为表现基础上进行的。项目化学习强调"做"，即重视最能体现人的主体性的实践，在实践和表现的过程中，学生的潜能将得到充分发挥。因为，一个项目通常不止一种完成方式或解决方案，为了完成项目任务，每个学生都必须以学习主体的身份亲自进入相应的学习活动，凸显学生作为学习活动主体的主体性。同时，项目化学习通过为学生提供多样化的展示自我的机会，满足了学生对表现的渴望和对发展的愿望，激发起学生持续不断的学习热情，使学生在提问题、做计划、搞调研、出成果的实践历程中全方位地展现个性，并使主体性得到进一步发挥。

（2）项目化学习促进学生的社会化。

项目化学习的成果是真实具体且有一定社会效益的。这里的真实是指项目化学习最终要形成公开的、有质量的、有意义的产品，但产品的形式是丰富多样的，无论是口头表演汇报，还是书面研究报告，或是成形的器具模型，都须在小组、班级、学校、专家组等多样化、多层次的群体中交流展示，并根据反馈的结果对产品不断进行调整完善。这是项目化学习与主题学习、案例学习、问题教学等其他类型学习方式的明显区别。后面的这些学习方式不着重强调形成最终产品，学习的内容多是"从何"、"是何"和"为何"的问题，而项目化学习主要集中于解决"如何"和"若何"的问题，通过给学生提供动手操作和亲身体验的机会，帮助学生实现由教育活动主体向社会实践主体的初步转化，如让学生在扮演某一个具体的社会角色过程中，设身处地地思考问题，并做出与人物身份相符合的产品，进而培养公民意识。

（3）项目化学习促进学生综合能力的整体提升。

教育要培养人的综合能力，帮助学生掌握多种思维方式，不断提升对自己的所知所学有效整合的能力。首先，项目化学习的评价不同于传统教学模式下只针对学生个体表现进行的评价方式，它通过分小组合作的形式把个体间的恶性竞争转化为小组间的良性竞争，学生通过与团队成员的紧密合作，可以弥补个体知识的盲区和部分能力的不足，博采众议，从而产生更加新颖、多样化的想法，形成集体力量大于个体努力的学习效果。当然，这依赖于良好有序的小组团队建设。为建设融洽和谐的小组关系，每个学生个体都需要学会倾听、表达、理解、合作，在此过程中必然有助于提高学生与其他人相处的相关能力，发展学生的社会性互助合作精神。其次，项目化学习从项目设计的思路出发，学生首先需要明确其行动的目标，利用已有的知识经验，对所从事的任务进行一定的规划与设计，随后利用特定的工具与技术从事"产品"制作。在这个过程中，可能会进行反复的尝试错误与发现学习，经过不断的探索、反思、总结，对原有的规划与设计进行修改与完善，然后再进行新一轮的探索，直到最后完成最初的设计并展示其"产品"。在这样的学习过程中，学生的信息检索、逻辑思考、反思判断、操作与制作能力、创造性、元认识监控与调节能力都能得到充分的发展。

2.2 项目化学习促进教师成长

对于教师而言，实施项目化学习同样有利于自身的发展。

1. 为教而学，推动教师自身专业发展

从学理上来讲，教师的教是作为学生学习的促进条件而存在的，教应当是为学服务的。在传统的教学模式下，教师只需要在课前准备好自己需要在课堂上讲解的教科书上的知识内容，毕竟教师把控着教室里的大部分时间、节奏和行动。长此以往，教师就会产生职业倦怠，导致工作积极性不高，工作投入减少，责任心不强，教学方式呆板，安于现状，得过且过，平淡无为，教师自身专业发展无从保障。在项目化学习中，教师与学生的关系正如空气与人的关系，在学习活动中虽然很难看到教师的身影，但教师的作用却时时存在、处处存在且不可忽视。项目化学习是一种具有很大不确定性的教学模式，不易执行，其最终目标的实现程度在很大程度上有赖于教师的引导，对教师的知识能力和综合能力有更高的要求。具体而言，在项目化学习中，教师需要从"为考而教"转变为"为学而教"和"为教而学"，成为整合

课程、构思项目、指导活动的服务型教师，引导学生在实践中获取知识、应用知识、形成科学思维。

项目化学习具有学科综合性的鲜明特点，学科与学科之间拥有广泛的渗透性。在构思设计时，必须顾及多门学科知识的融合和学生多种能力的发展。教师要从全局出发，按照项目完成的现实需要，整合不同学科的不同单元模块的知识，尽可能多地让学生运用现有的生活经验和已经学习过的知识。这就意味着，在项目开始启动执行前，教师需要利用较多时间和精力查找大量与整个项目完成有联系的本学科以及其他学科的内容材料，对多科知识内容都有所涉猎，扩大自身的知识面，才能更有效地进行课程整合。

在项目化学习中，学生处于学习的中心地位。教师在筹备规划项目化学习内容时，应了解学生现阶段的发展特点与兴趣所在，以此为依托提出有吸引力的项目主题，着力激发学生进行项目化学习的主动性和创造性，确保每个学生都能参与完成项目任务。同时，在项目设计时需要整体考虑参与对象、主题、类型、目标、活动阶段、预期成果、成果展示方案等要素。

2. 集体教研，推动教师团队的交流与合作

在传统分科课程体系中，各课程之间相互独立，除了相同学科教师之间偶尔的教学观摩之外，不同课程类型、不同年级的教师之间几乎没有什么交流的机会。加之在传统的教学观念中，教师往往是单独开展教学工作的。许多教师认为，只要自己精心备课就能顺理成章地收到良好的教学效果，通过教师一个人的努力完全可以处理课堂教学中各种各样的情况。这些现实情况在客观上使得教师间难以共同合作，不仅优质教

学资源难以形成共享，而且容易造成教师缺乏团队意识和合作精神。

项目化学习教学模式的实施为教师之间的相互交流和有效合作搭建了平台。项目化学习的典型特点之一就是需要不同年级同一学科内知识的联系或同一年级跨学科的知识整合。因此，在进行项目驱动性问题的设计时，教师要树立整体观，必须考虑到项目主题中涉及的多个年级或多种学科中的知识的相互关联性。对于一个教师来说，依靠自己的精力、知识和经验很难独自处理完成一次项目化学习，必须加强教师之间合作，相互学习谋划助力。每一位教师都要在教研研讨交流中，畅所欲言，针对具体问题提出自己的看法和建议，相互启发，通过合作学习与合作研究，优势互补，利用教师集体的聪明才智，优化教学设计，通过跨学科和跨年级的合作教研教学，实现学科间的知识融通和教师间的知识共享，不断推动项目化学习向更高质量方向发展。

2.3 项目化学习促进学校教学发展

1. 学研结合，打破记问之学的桎梏

长期以来，我们都以班级授课制的课堂教学为主，大多采用先讲后练的方式，由教师带领学生，在规定的时间、规定的地点完成规定的教学任务，教师先把概念、原理和方法讲清楚，学生再通过反复做练习题巩固记忆效果。为了保证知识的高效传授，教师还会设置课堂学习行为规范。如果学生出现规定外的自由行动，就会引来教师的批评。当代科技革命和信息社会的发展给教育提出了新的培养目标，要求培

养每个学生的独立认知能力和创造能力，使学生愿意进行自主的创造型智力活动，同时有能力开展这种活动。具体来说，它通过基于问题的研究任务，将学生放置于问题情境中，刺激学生强烈的心智活动。在此过程中，学生以自主探索的"发现"方式获得新知识、发展新技能，并能够应用所获取的知识和技能灵活解决生活中的实际问题。

而传统的讲解练习式的教学模式是难以实现这种培养目标的，它存在着明显的缺陷。这种教条式教学要求熟记的比重过大，教师更加关注学生系统性知识的接收与掌握，冷落了学习中的发现与探究，忽视了对学习过程方法的渗透，制约着学生的自主认识活动，学习成了一个纯粹的被动接受并记忆的过程。这种学习使学生习惯于死记硬背书本知识，限制了学生的思维和智慧发展，导致学生的逻辑思维能力不足，无法培养创造力。时代的发展驱动着教育工作者更新教育观念，要以培养学生的创新精神、批判思维和实践能力为主要目的。换句话说，就是要构建旨在培养创新精神、批判思维和实践能力的以探究为形式的学习模式及对应的教学模式。从这个意义上说，属于探究式学习其中一种类型的项目化学习，就是改革传统教学模式的一种有益尝试和深化课堂教学改革的有效抓手。

项目化学习以问题为导向，变"控"为"导"、转"教"为"伴"，减少了机械重复的做题训练，使学习成为发现、提出、分析并解决问题的过程，积极促使学生由做题性学习向做事性学习的积极转变。现实世界中的真实问题有别于学校中的学科问题，普遍具有典型的非良构特征，即问题信息不完备、解决途径不唯一、解决方案不确定、需要运用跨学科的知识技能和推理论证能力等。项目化学习将课程内容进行具体情境化处理，当学生面对驱动性问题时，他们需要仔细考虑诸如在完成项目任务过程中会碰见什么难题，涉及哪些学科的哪部分知识以及怎样战胜这些困难等一系列问题。在学生正式执行项目前，这些状况是很难预测的，存在很大的变化性和不确定性，但正是这种变化性和不确定性给学生带来了更多的思考范围。学生需要通过积极思考、再三尝试或者请教别人，提出富有创造性的解决办法。学生解决问题的过程就是学习知识的过程，他们在研究中学习，在学习中实践，在创造中发展。概言之，项目化学习的功能是帮助学生习得新知识技能，而非传统教学中完成新知识学习任务之后应用知识解决问题。

2. 跨学科设计，突破分科课程壁垒

我国传统的课程是分科课程。在分科课程中，各门学科相对独立、自成体系，有固定的逻辑和系统，教材按知识内在的逻辑体系加以组织，是一个逐步递进的连续体系，符合学生身心发展的连续性和阶段性特点，这也是分科课程一直居于主要地位的重要原因。不可否认，分科课程可以保证学生学习到的知识的完整性、连续性和严谨性，但在以分科课程为主要特征的传统教学中，人为分割知识体系，忽视学科之间的内在关联，各学科相互分离、彼此独立。同时，分科课程以分门别类的方式组织，但学生的生活却是完整的，这种课程上的各自为政，容易造成学生认知结构的支离破碎，不利于学生问题解决能力的发展。许多接受了长期分科教学的学生往往会有这种感觉，明明自己每一科目考试都拿到了高分，但面对需要解决的实际问题时却力不从心、不知所措，对如何从多个方面解决问题思绪混乱，虽然大量的知识被保留在大脑中，但不能准确快速地得加以组合与调用。

学科综合化作为学科发展的现代趋势，重视对不同学科的知识内容进行内在整合，它对于突破课程分科壁垒有重要意义。对此，我国《基础教育课程改革纲要（试行）》中强调，必须改变过于强调学科本位、科目繁多和缺乏整合的课程结构现状。要破解分科课程造成的上述难题，除了加大综合课程和活动课程的比重、进行专题教育等方法外，通过项目化学习，以学科为基础、在教学内容上进行整合知识，进行跨学科的大单元教学设计也是一种行之有效的方法。

首先，表现为项目主题的综合性。因为项目主题来源于现实生活中的复杂情境，具有很强的现实相关性，本身就涉及多门学科知识内容。以"家庭排水方案设计"进行跨学科项目化学习为例，本项目涉及地理、数学、物理、工程等方面的知识。学生需要对家庭废水类型进行分类，画出家庭小院平面图，根据本地降水情况及家庭用水情况估算每年最大排水量，设计出排水路径图，测算排水工程基本费用等，同时也要考虑到废水综合循环利用和小院整体美观效果。在项目问题解决的过程中学生不仅进行了相关学科知识的学习，而且提高了自身的设计能力、审美能力，树立了环保意识和资源节约意识，综合素养整体得到了提升。

其次，表现为驱动性问题需要学生综合运用多种学科知识来理解、分析和解决。一般而言，项目化学习往往不是简单地涉及某一学科或者某一学科中的某一知识点，而是需要变知识点为知识线、知识面、知识网，将各个学科的知识深度融合。跨学科项目以国家学科课程标准为依据，以教材为基础，以综合为理念，注重不同学科知识之间的有机结合，进行大单元设计。不同学科的知识表面看起来似乎是不相关的，但它们却可以通过一个具体的综合项目联系起来，当学生使不同学科的知识共同发生作用以解决实际问题时,就会对这些学科之间的普遍联系了然于胸。

3. 真实情境,加强教学内容与生活的联系

教育应对的是人的生命和思想,而不是没有生命的客观物质,一切停留在情感体验之外的知识对主体来说都是死知识、假知识。教育的中心问题是让知识保持鲜活,避免知识的惰性化,因此教育只有一个主题,那就是多姿多彩的生活。就教学内容即学科课程知识的呈现方式而言,学生面对的是外在于自己的"书本世界"或"科学世界",如果教师不对符号化的结果性知识加工处理,抽象的现成的知识将变成一堆没有生命的符号型结论集合。学生面对的是固化的真理,它们外在于学生,需要学生去背诵记忆,且常因学生不理解而被生吞活剥、囫囵吞枣式地接受。长久以来,教学远离生活,与生活割裂的封闭环境使学生丧失了将知识加以应用的时间与机会。在这样的境况下,纵然学生生活在真实的社会关系中,亦是一个孤独的个体,同其他人和现实社会生活之间缺乏实质性的根本联系。当他毕业以后真正成为社会的一员并从事相关事务时,有没有具备足以胜任工作的恒心、能力和责任是非常值得怀疑的。

项目化学习倡导教学回归生活,但并不意味着彻底否定科学知识的系统讲授,而是不赞成"为知识而知识"的做法,号召把知识与生活事件联系起来,因为这关联着我们的感觉、知觉等能调节思想的精神活动,这些事件构成了我们的生活。项目活动具有情境性,强调教学密切联系生活。它不是直接教给学生脱水后抽象概括的理论知识,而是结合生活实际需要,从学生现有的认知出发,创设问题情境,在真实的情境中发现问题、分析问题、解决问题,引导学生走向社会、走进生活。通过相关资料的收集和观察调查等活动,具体地感知学科知识在现实生活中的

意义，感知作品或结论产生的生活背景和过程；引导学生在解决富有挑战性的现实问题的过程中，了解问题的生活原型，感知知识形成的过程，寻找解决问题的一般规律与方法，培养思维方式。此外，还通过制作有社会效益的产品来激发学生的成就感和真实的情感体验，培养学生内在的学习动机。在此过程中，知识从实践中来，又回到实践中去。

基于情境的项目化学习将教学过程还原为生活过程，把教学情境还原为生活情境，能够让学生获得直观体验，通过项目问题来引发学生对学科知识的探究和学习，教师将抽象的、深奥的、概念化的本质问题转化为具体的、有趣的、情境性的驱动性问题，让学习变得真实可及，以此吸引学生的注意，激发学生的内部动力，驱动学生积极主动地投入到项目化学习活动中。以地理学科为例，设计驱动性问题"家住黑龙江大庆的同学想在今年11月乘火车旅行至海南三亚游玩，请你帮他制定一份详细的旅游攻略"进行项目化学习，其中将涉及地理学科中中国的地理分区、行政区划、区域特征、气候类型、各省市的著名景点（自然资源与人文资源）、铁路交通路线等知识点，从而连点成线，对地理学科中"中国地理"的知识内容整合学习。同时，学生在个性化多元选择的学习过程中需要根据不同的城市气候提出不同的穿衣建议、游玩建议以及乘车规划等具体攻略，并制作相应的攻略手册或者演示文稿等，将学科与生活、技术联系起来。由此可知，通过实施源于真实生活情境的项目化学习，学生能够真正理解和感受现实的人、事、物及其关系，而非死记冰冷、干硬的判断语句与抽象概念。这不仅为学生建立了一个学习新知识的平台，而且通过感性体验为知识的内化提供了支撑。

4. 多元评价，发挥教学评价的本体功能

在评价理念和功能方面，传统教学评价大多采用泰勒的行为目标模式，一般是通过作业的对错、成绩的高低来评价学生的学习效果，属于终结性评价，在甄别优劣、划分等级、选拔人才方面具有非常重要的作用，因为个体需要通过不同层次的学业成就证明来争夺有限的教育资源和社会资源。但是，在此过程中，只有少数"排名靠前者""优秀者"能够体验成功的快乐，而大多数人则成了"陪跑者"与"失败者"。同时，这种评价方式因过于关注结果而缺乏对过程与非预期结果的评价，忽视了教学评价推动师生持续且全面发展的本体功能。目前，指向结果的"对学习的评价"仍然受到关注，但重视过程的"为学习的评价"逐渐成为主流。项目化学习评价的真正目的不是鉴优别劣也不是证明达到目标，而是以评价促改进，通过获得评价反馈让学生明白学习过程中存在的不足，继续完善产品，改进教师教学、促进学生发展。

在评价方式方面，标准化测试因测量学而披上"科学"的外衣，量化的特点使得它在精准化甚嚣尘上 20 世纪上半叶极具诱惑力，并逐渐发展为学校教学的主要评价方式，获得统治地位。然而，随着人们知识观、学习观的改变，尤其是建构主义教育理论的发展，人们意识到学生的学习收获既包括对知识点的理解和基本技能的掌握的显性收获，也包括学习能力的提高和学习欲望的提升，以及时间管理、统筹安排、思维方式的发展等隐性收获，而标准化测试则无法实现对学生隐性能力发展情况的真实反映。在这种背景下，社会上对这种选择式、记忆式的标准化测试的质疑与批判不绝于耳。项目化学习打破了传统的标准化纸笔考试一统天下的局面，表现性评价、形成性评价、发展性评价等摆脱标准

化测试的规则限制、凸显学生行为表现变化、强调学生情境化问题解决能力、注重情感态度价值观培养的评价方式得到广泛应用，已然对标准化测试的统治地位造成了猛烈冲击，呈现出量化与质性评价相结合、过程与结果评价相结合的趋势。

在评价主体方面，在以往的评价中，教师往往是评价的唯一主体，学生作为被评价者基本上是没有话语权的。项目化学习改变单一的教师主体评价，注重多元主体参与评价。评价由学生自己、小组成员、班级成员、授课教师以及专家学者等多元主体来完成，自我评价聚焦学生自我意识的发展，学生评价着力展现学生主体性，教师评价具有相对的公正性，专家学者则可以从专业角度对学生的学习过程和结果做出科学评判并提出建设性意见。这些来自不同群体的多方面的评价反馈，将有助于学生发现自身的问题和产品的不足，进而取长补短，做出进一步的调整改进，不断完善项目方案。

项目化学习重视表现性评估，学校与学生共同搭建了一套"学分银行"的评定系统，根据学生的行为规范、日常学习表现等维度来记录"学分银行"的分值。

"学分银行"内的分值可以像存款一样累积、消费和借贷。例如，某位同学今天考了89分，而父母的期待是90分，他可以选择从"学分银行"中消费或借贷出1分，带着90分的卷子回家。如果这1分是借贷来的，就要在未来一段时间内通过努力表现来还给"学分银行"，否则会影响个人信用。

所以未来的学生非常重视自己在日常学习中的表现以及学业的自我管理和规划。同时，通过"学分银行"项目中对银行体系的模拟，学生学习到了金融知识。此外，评估过程是立体和多维度的，既有自我评估，也有同学评估和老师评估，促进了学生的社会交往能力。

2.4 "高水准"的项目化学习

所谓"高水准"的项目化学习，即通过真实的、有意义的、连贯的项目经验，促成学生对知识内容深入而全面的理解。不仅要让学生觉得有趣、着迷，更要成为"学习的核心"。要达到这一标准，项目需要具备如下特征（参见图2.1"高水准"项目的特征）：

图 2.1 "高水准"项目的特征

好的项目设计应该紧密服务于课程教学目标，不仅注重与现实生活的联系，还要有课堂之外的真实受众。项目为学生提供了一个真实的、引人入胜的情境，在探究现实问题的过程中，学生的批判性思维能力、问题解决能力、语言表达能力都得到发展。要实现这一目标，教师的指导与参与至关重要，此外，教师还要支持学生多样化的学习需求及社会情感学习（Social-Emotional Learning，简称SEL）。

1. 项目是真实而有意义的

"高水准"的项目化学习由一系列精心设计编排的学习经验构成，既服务于教学主旨，又不失真实性和现实意义。在"高水准"的项目化学习中，"一门课的全部教学都是通过项目实现的。项目不是零星的活动，不是教学收尾之际的汇报演出，也不是用于点缀传统旋律的活泼插曲"。

真实的项目有助于提升学生的公民意识和社会参与度，当项目的产出是面向真实的受众创作真实的产品时，这种效应尤其显著。研究结果也印证了这一观点，即学生在真实的、与现实生活紧密相关的情境中学习时，学习效果最好。

2. 项目与核心的学科知识及实践深度融合

相关研究文献中指出，项目设计应与教学内容紧密结合，着眼于核心学习目标，促进知识的建构。项目为学生学习学科知识和实践提供了连贯的经验基础。一些常见的做法，如在单元教学中穿插探究活动，或利用创客空间制作产品，并没有引导学生围绕一个核心问题或挑战寻找解决方案，因此和"高水准"的项目化学习有本质差别。后者融合了学科知识与实践，致力于为学生创设完整的、连贯的学习体验。在项目化学习的过程中，学生有充分的机会修改、反思和改进想法，他们学着像哲学家那样思考，学着构建科学模型来解释世界是如何运作的。

3. 提倡有意义的、富于支持性的互动

高水准的项目化学习离不开社会互动，社会互动在体现人文关怀的同时，能够促进学生持续的学习与发展，简言之，项目化学习中的互动必须既有意义又富于支持性。

在项目化学习的语境下，有意义且富于支持性的互动超越了"给予

"积极鼓励"的范畴,而是致力于创设让学生感到安全、能够积极面对困难、不害怕尝试和犯错的真实情境。要做到这一点,首先要营造积极向上的学习和课堂文化,尊重学生和社群的专业专长。依托这样的文化,高水准的项目化学习通过学习环境的创设,为学生提供机会与空间,鼓励他们发挥优势、大胆表达、果敢行动、审慎决策。

4. 运用过程性评估改进教学

要促进深层次的理解,教师需要关注学生的个体经验,了解学生是否做好了学习新内容的准备。开展循证实践对教师的辅导能力也提出了较高要求。当学生尝试表达自己的观点时,教师要能够巧妙地提供反馈,并运用过程性评估来改进教学。

2.5 "未来",教师的作用

传统的学习方式(Lecture-Based Learning,LBL)以授课为基础,与之相比,项目化学习教学模式更能培养学生的自主学习能力;发现、解决问题能力;交流与合作能力;批判性思维的能力。在这样的前提下,就要求教师在精通某一领域知识的同时,更要以引导者的身份通过以下几种方式,培养学生的能力,实现作为教师的价值。

1. 策划和组织教学活动

在项目化学习教学过程中,教师应根据教学大纲的内容,选择和确定案例,精心设计出适合学生自学研究案例的问题体系,这是项目化学习教学的关键环节之一。作为整个教学中最核心的角色,教师在上课之前要承担策划和组织教学的责任。教师也应该集思广益，不同领域互相学习，通过研讨的方式事先确立课堂的重心。

为了激发学生主动研究的兴趣，需要选择既符合理论又贴近实际的案例进行研究，这就要求教师在提前准备的阶段投入大量的精力与时间，同时可以用集体备课的方式，**互相研讨，共同学习，取长补短，吸收更多的知识。**不仅要学习课堂相关的专业知识，同时也要尽可能多的掌握延伸的知识。课堂上教师应该根据学生以往成绩和平时表现划分6～8人的学习小组，每组成员平均分配成绩好和成绩一般的学生。

2. 聆听及探讨

讨论是项目化学习过程中最重要的环节，与传统授课中教师一直讲的形式不同，项目化学习更要求学生主动去讲，去讨论。教师起到的更多的是聆听和引导的作用。

教师应当仔细聆听每一个学生发言，充分调动学生的积极性，加强对讨论过程的关注，鼓励每一位学生积极参与，共同学习。

在讨论过程中，**要鼓励学生大胆发言，勇于表达自己的观点，逐步培养学生善于发现和解决问题的能力。**作为课堂中的引导者，教师应该把握好讨论的进度及方向，并针对问题给予指导。

项目化学习是以小组为单位的集体学习，每个学生都应当参与讨论。因此，教师应保证小组中每个学生都有效地参与到解决问题的进程，**根据学生的接受水平和掌握程度，通过提问来调整学习进度和讨论方向，以维持学习的有效性。**

3. 评价和反馈学生表现

评价是项目化学习中非常重要的环节，贯穿整个学习过程。每一个学生讨论之后，教师应当及时对讨论情况、讨论结果、学生表现给出评价。**评价通过提供反馈信息提高教学效果、控制学习质量。**教师不仅应给出量化考核结果，给出小组和个人的成绩，而且还应对学生表现进行描述，给出具体的评语和建议，并及时向学生提供恰当的反馈，使其能及时地改进和提高。

传统教学模式讲究的是对概念、框架性知识的被动式教学，这种教学模式逐渐无法适应当今这个快速变化的社会，学生通过传统教学模式获取的基本的知识和技能也无法满足社会的需要。**与传统的教学模式相比，项目化学习模式注重学生学习能力的培养，是较为先进的、科学的教学法，是对以往传统教学有益的必要的补充。**项目化学习是从西方发达国家先开始的，我们不能完全照搬其他国家的方式，要结合中国现行的教育状况，根据不同学生的性格特点，创造符合实际的教育方法。教师在教学实践中应适当地转换角色，建立良好和谐的师生关系，不断在工作中实践、总结经验，探索适合我国教学背景下的项目化学习模式。

第三章　项目化学习实践案例

　　当今世界已然是科技驱动的社会。谁拥有核心科技，谁就能掌握主动权。从国家到个人，均无例外。以往教学的重点常常集中于如何让学生理解、记忆现有的体系知识，但世界信息体系发生了变化，我们的教学方式也应该随之变化。不能只是让学生了解已有的信息（数据），而应该教会他们分析、处理及展示这些信息（数据），把它们真正地用起来。如今的学生不应该再过多地死记硬背已有的知识，而应更多地去思考，去创新，去创造。要避免学生形成思维定式，多锻炼他们将所学应用到现实世界的问题中的能力。

　　近年来，在小学和中学都出现了大量的"计算机编程"课，这些课程大多让学生学习编程语言，或许这对未来的许多工作是必不可少的。掌握编程可以帮助学生丰富或充实自身的学习技能，如分析拆解问题、解释性的逻辑写作等。它还能让学生提高数学能力，更好地理解一些数学问题。通过编程，学生可以用计算机创造出只有他们的想象力才能限制他们的世界。

　　在传统信息技术的课堂上，"学生听，教师讲"的情况仍然经常出现，学生运用机械记忆法学习知识，容易失去学习的兴趣，培养计算思维更加困难。而在信息技术课程中采用项目化学习教学模式，以与学生生活密切相关的真实问题为起点，可以让学生快速进入情境，有效激发他们的学习兴趣，并将计算思维渗透到教学活动中的各个部分，有利于锻炼学生计算思维意识，提高课堂教学效率。面向计算思维培养的项目化学习教学模式有利于将信息技术课程与现实生活进行有机结合，在这种教学模式中，教学过程各个环节都渗透着计算思维系列方法的描述与指导，以创设情境的方式呈现问题，然后将学生划分小组，小组成员共同收集并分享有关资料，在教师的引导下分析问题，提出解决方案，最后进行小组作品展示和评价与反思，这样的课堂教学主线活动既符合传统的项目化学习教学过程，也符合计算思维培养特有的理论和设计过程。面向计算思维培养的项目化学习教学模式可以让学习者掌握信息技术的相关知识点，也掌握一系列计算思维方法的知识，帮助他们培养计算思维能力。

3.1 计算思维

1992 年，黄崇福首次提出了计算思维这一术语，但由于社会发展等因素，它没有得到广泛的关注，黄崇福在定义中强调使用计算模拟方法来发展人类思维。之后，牟琴博士强调了黄崇福的定义，"人类思维的计算模拟"应关注如何使计算具有思维特征。

2006 年，Jeanette Wing 发表了一篇开创性文章，她将计算思维描述为"通过借鉴计算机科学的基本概念来解决问题，设计系统和理解人类行为的一种方式"。周以真教授指出计算思维涉及一些熟悉的概念，例如问题分解、数据表示和建模，以及一些不太熟悉的概念，例如二进制搜索、递归和并行化。"对于阅读、写作和算术，我们应该为每个孩子的分析能力中添加计算思维"。Wing 的文章经常引起计算机科学家、认知研究人员和教育工作者关于计算思维的性质、定义和应用的争论。虽然许多人已经对 Wing 的原始描述提出了修改和改进，但到目前为止还没有出现统一的、被广泛接受的计算思维定义。

2013 年，John Woollard 在他的报告《计算机科学教育创新与技术》中提出，"计算思维是一种认知或思维活动，反映了人们的抽象、分解、算法、评估和归纳能力。它的基本特征包括思维过程、抽象和分解"。

王飞跃认为，"从广义上讲，计算思维是一种基于可计算方法和定量化方式的计算过程。从狭义上讲，计算思维是一种数据驱动的思维过程"。他指出，计算思维有抽象、算法和规模三个特点，强调解决问题这一核心。

简而言之，**发现和抽象问题，表达问题及其解决方案，采用信息技术方法和手段解决问题是计算思维的核心**。计算思维将直接或间接地影响每一个人，可能在生活中的任何地方被使用。计算思维的培养应该更多地集中在小学生到高中生的教育上。

计算思维的实践可以帮助学生养成持续学习、尝试多角度解决复杂问题甚至提出新问题的能力。如今，社会上出现了追求快速传递信息和短时解决方案的倾向，这在一定程度上让我们的孩子不习惯长时间坐下来为一个解决方案而努力，也不习惯坐下来为一个需要更长的时间才能解决的问题而努力，因为它可能有多种解决方案，需要很多次尝试。而专注与坚持，是新一代人才所应具备的能力要素。

计算思维几乎可以应用于任何工作和任何行业。具备解决问题，批判性地分析、沟通和创造性地思考的能力，以及超越当前行为方法的能力，在我们这个竞争激烈、不断变化的世界中是无价的。

通过计算思维学习，学生可以掌握分析新信息和处理新问题的能力。这种思维方式，会带来解决问题能力的提升；这种能力不仅仅适用于计算机科学专业课堂或某个特定领域。计算思维的方法主要可分为四个基本步骤：分解、模式识别、抽象及算法；三个延伸方面：建模、评估及泛化。

● **分解（Decomposition）**

分解是指将事物拆分为多个基本组成部分。这其实是一项重要的学习能力，因为它教会学生将大的整块信息细分成相对较小的部分，逐一了解，有利于降低认知难度，从而更有效率地学习。这在系统设计中是一种自上而下的分析方法。

● **模式识别（Pattern recognition）**

模式识别是指学生找到事物的特征，然后分析总结这个特征模式来得出逻辑答案。模式匹配引导学生寻找事物之间的共性。一旦学生发现问题的相同之处，他们就可以进一步寻找不同之处，从而找到答案。作为人类，我们倾向于寻找事物的特征，以便理解它们。我发现这一步对学生来说是最容易和最自然的。其实我们应教会学生利用感知和发现模式来认识世界。

● 抽象（Abstraction）

抽象是将学生在上一步（模式识别）中发现的差异剔除，因为它们不符合模式，只关注重点细节。抽象是很重要的，因为学生通常认为他们在一个问题中得到的所有信息都是用来解决问题的，但这并不一定是正确的。去除不适合或无用的信息对学生来说确实是一项有价值的技能。这不仅需要他们学会反复检查信息（数据），而且需要他们学习如何自我调整，探索问题的真正解决方案。

● 算法（Algorithms）

算法在概念上是完成一项任务的程序步骤列表。在这个过程中，学生们会创建一系列步骤来解决他们所面对的问题。学生应该能够清晰地编写算法，这样任何人都可以按照他们所设计的算法来完成任务或解决问题。

● 建模（Modeling）

建模是对当前一类问题及具体算法的提炼、再封装，使其输入、输出，一整套流程可靠稳定，可用于解决一大类问题。

● 评估（Evaluation）

一旦有了一个可行的解决方案，我们就需要使用相应的评估方法来分析/评价它：它正确有效吗？还能改进让效率更高或结果更好、更可靠吗？我们要如何去做？

● 泛化（Generalisation）

这里泛化是指调整/优化现有模型以解决新的问题，或一类问题的能力。也就是常说的举一反三，这个能力也相当重要。在人工智能领域，模型的泛化能力往往决定了这个模型在实际应用中的优劣程度。而对于学生而言，泛化主要是指归纳问题、把一类问题一般化的能力。当然，对于学生来说还有一些能力，如迁移学习的能力，用一个领域的模型，针对性地改进了去解决另一个领域的问题。这些都是高阶能力，需要汗水，也需要幸运。

3.2 高中信息技术学科核心素养的分析

2016年《高中信息技术课程标准修订稿》中，对高中信息技术的学科核心素养进行了说明，并指出"围绕学科核心素养，以项目为主线，整体规划设计课程，全面改善学习方式"。随着信息时代的发展，信息技术的推广和应用正在不断被强化，高中信息技术课程是一门实践应用性非常强的学科，培养学生应用信息技术解决实际问题的能力是其核心目标。项目化学习具有极强的趣味性，随着学生心智的成熟，其趣味性对于提升学生信息技术学科核心素养的重要性不言而喻。

1. 已有教学模式分析

随着新课标计算思维这个名词的提出，研究和关注这方面的专家越来越多，也有更多的人意识到了学生计算思维能力的重要性。很多学者建立了促进计算思维发展的项目化学习教学模式，促进学生的学习，丰富学生的知识，培养学生的计算思维能力。

项目化学习教学模式是由加拿大神经病学教授Barrows经过总结得出，如今在教育教学领域得到推广与应用，可将其分成包括划分小组、提出问题、解决问题、汇报展示、反思总结五个步骤。在项目化学习教学模式提出以后，众多专家学者对其加以改进，现在广泛使用的是经过改善的项目化学习教学模式，其也可以分成五个步骤，分别为："创设情境，提出问题"—"划分小组，研究问题"—"协作学习，解决问题"—"小组汇报，相互评价"—"总结反思，评价反馈"。具体流程如图3.1：

图 3.1 传统 PBL 教学模式流程

基于问题学习的教学模式的主要特点就是以学生为主体，以教师为主导，以问题为基础，以培养学生的能力为目标，并且评价方式多样。项目化学习教学模式中问题是学习的主线，教师以问题创设学习情境，围绕问题进行教学，学生根据问题查阅相关学习资料，并以小组协作学习的方式进行问题的分析与解决。学生的学习积极性得以提高，成为自主学习、合作学习的学习实践者，解决问题的能力也在过程中得到培养。

2. 高中信息技术课程的特征分析

2017版《普通高中信息技术课程标准》强调信息技术的学习内容应该具有时代特征，兼重理论学习与实践应用，且能运用数字化工具，将知识建构、技能培养与思维发展融入完成任务和解决问题的过程中。与旧课标基本理念不同的是，新课标强调以学习为中心的教与学关系，在解决问题的过程中培养学生的开放和协商意识，提升信息素养，鼓励他们运用计算思维解决不同情境下的问题，体验信息技术行业实践者的真实思考方式及工作模式。

（1）课程性质。

旧课程标准突出信息技术课程的综合实践性，新课程标准则强调信息技术是一门基础课程。新课程标准强调构建具有时代特征的学习内容，兼重理论学习和实践应用，将知识建构、技能培养与思维发展融入运用数字化工具解决问题和完成任务的过程中，让学生参与到信息技术支持的沟通、共享、合作与协商中，体验知识的社会性建构，从而成为具有较高信息素养的中国公民。

（2）基本理念。

新旧课程标准中都有5个基本理念，区别体现在以下4个方面：

a. 新课程标准首次提出立德树人的价值观，帮助学生有效利用信息、媒体、工具，优化自己的学习和生活，提高服务社会的能力。帮助学生成长为高效的技术使用者、创新的技术设计者和理性的技术反思者。

b. 课程结构由选修和必修两个模块，调整为必修、选择性必修、选修三个模块，满足学生的多元需求。

c. 新课程标准强调以学习为中心的教与学关系，在问题解决过程中提升学生的信息素养，激发学生开放、合作、协商的行动意识，鼓励他们运用计算思维形成解决问题的方案。

d. 新课程标准强调构建基于学科核心素养的评价体系。课程评价以学科核心素养的分级体系为依据，注重情境中评价和整体性评价，评价方式能够促进项目化学习，完善标准化纸笔测试和上机测试相结合的学业评价。

（3）学科核心素养与课程目标。

新课程标准详细阐述了什么是学科核心素养，从四个核心要素进行了具体描述，分别是信息意识、计算思维、数字化学习与创新、信息社会责任。其中，信息意识是指个体对信息的敏感度和对信息价值的判断力；计算思维是指采用计算机方式界定问题，运用合理的算法形成解决问题的方案，并迁移到与之相关的其他问题解决中；数字化学习与创新是指将信息技术作为工具，去学习和创新；信息社会责任是指信息社会中的个体在文化修养、道德规范和行为自律等方面应尽的责任。新旧课程目标的共同点是总目标是提升学生的信息素养。新课程目标旨在提升全体高中学生的信息素养，强调个性和全体性。课程通过提供丰富的资源，帮助学生掌握概念，了解原理，认识价值，学会分析问题，形成多元理解能力，成为合格时代公民。

（4）课程结构方面。

在设计依据上，以立德树人为指导思想，紧扣课程方案设置结构，参考国际标准突出前瞻性、体现学科自身发展特性，使得课程结构更为科学合理、有针对性。

课程结构由原来的必修和选修两类课程的6个模块改为必修、选择性必修和选修三类课程共10个模块。

具体来说，新课标中必修课程分2个模块，分别为数据与计算、信息系统与社会，学分由原来的2学分改为3学分，每学分18课时，共54课时，以此作为学科学业水平合格性考试的依据。

新增选择性必修课程，共6个模块，每个模块2学分，每学分18课时，共36课时。作为必修课程的拓展与加深，学生可在修满必修学分的基础上，根据能力、发展需要选学。其中数据与数据结构、网络基础、数据管理与分析学科学业水平等级性考试的依据；人工智能初步、三维设计与创意、开源硬件项目设计 3 个模块为综合素质评价的内容，以便更好满足学生升学和个性化发展的需要。

选修课程包括算法初步和移动应用设计 2 个模块，为满足学生的兴趣爱好、学业发展、职业选择而开设，并列入学生综合素质评价的内容。

总体上来看，新课标课程结构的调整，不仅使信息技术课程设置更具科学性、合理性，而且进一步顺应我国高考改革要求，兼顾升学与个性化发展，凸显学科核心素养，满足我国对创新人才培养的需求。

（5）课程内容。

旧课程标准的每个知识模块是从内容标准和活动建议两个方面进行说明的；新课程标准的每个知识模块是从内容要求、教学提示和学业要求三个方面进行说明的，内容更加具体和详细。

（6）学业质量方面。

新课程标准首次提出用学生学业成就表现来衡量学业质量，并以学科核心素养及其表现水平作为衡量标准，以此来描述不同水平学习结果的具体表现。

学业质量水平分为 4 级，每级着重突出学生整合信息技术学科核心素养在不同情境中运用以解决核心问题的关键特征，同时每级又细分为 4 个等级，不同等级间具有由低到高逐渐递进的关系。学业质量水平的高低是阶段性评价、学业水平合格性考试和学业水平等级性考试命题的重要依据，其中学业质量水平 2 是高中毕业生在本学科应达到的合格要求，而学业质量水平 4 则是学业水平等级性考试的命题依据。

3.3 项目化学习教学模式的构建

面向计算思维培养的项目化学习教学模式在每堂课的设计上要以问题为核心，引起学生的学习兴趣，沿着"创设情境，呈现问题"→"划分小组，分析问题"→"协作学习，分析问题"→"小组汇报，相互评价"→"总结反思，评价反馈"五步教学过程的主线，学生围绕着问题学习，通过与其他成员的交流讨论，找出解决问题的方案（如图3.2），在整个过程中的各个环节中都要渗透计算思维及计算思维系列方法的相关概念和应用，实时监控指导学生的学习。

（1）学生活动。

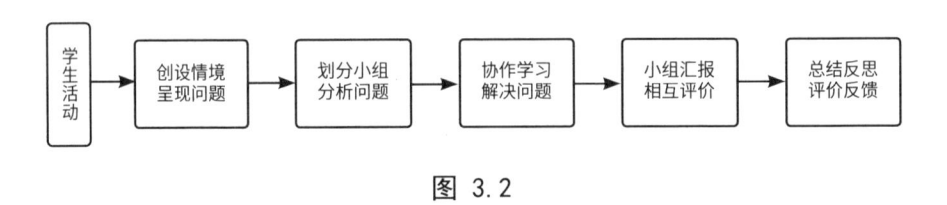

学生活动 → 创设情境 呈现问题 → 划分小组 分析问题 → 协作学习 解决问题 → 小组汇报 相互评价 → 总结反思 评价反馈

图 3.2

学生知识的获取和内化与学习环境密不可分，教师要根据真实生活中可能会遇到的问题去创设教学环境，利用计算思维方法设计教学支撑材料，结合高中生的认知特点，以半完整的填空题（不完全形式）呈现知识点内容，引导学生自主查阅相关资料，进行讨论交流，逐步改变他们的思维方式。

在分析问题、解决问题和小组展示时，不同的学生会选择不同的方式，大家运用的方式和擅长的方面各有差异，所以在分组时不仅要尊重学生的意愿，还要确保学生的兴趣和异质的共存，从而缩小群体之间的差距，促进教学活动。

在协作学习的过程中，学生对提炼的相关资料中有用的信息进行自主学习，然后进行小组合作讨论，在此过程中教师也要提供必要的指导。学生根据现有资源以及一系列计算思维方法进行独立学习和合作学习，并由教师指导，完善问题的答案，这对培养学生分析问题、解决问题的能力有一定的好处。

（2）教师活动。

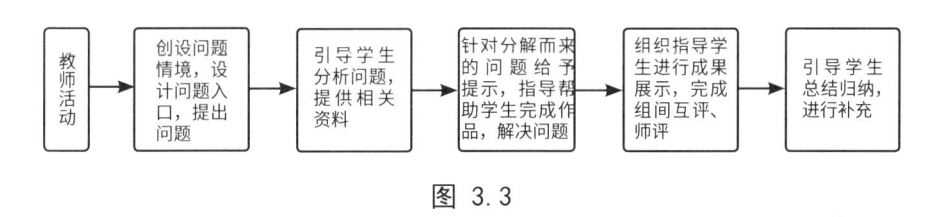

教师活动 → 创设问题情境，设计问题入口，提出问题 → 引导学生分析问题，提供相关资料 → 针对分解而来的问题给予提示，指导帮助学生完成作品，解决问题 → 组织指导学生进行成果展示，完成组间互评、师评 → 引导学生总结归纳，进行补充

图 3.3

面向计算思维的项目化学习教学模式是以问题作为学习的起点，吸引学生的学习兴趣，使他们专注于解决活动中的问题。对于老师提出科学合理的问题，学生要认真思考，并结合自主探究和协作学习两种方式，对问题进行初步分解，确定要解决的一个个小问题。学生要选择合适的算法，尝试用自己的语言描述算法，根据设计的算法绘制流程图，并根据流程图设计程序语言代码。在解决问题的同时，教师为学生提供启发性的学习支撑材料，及时引导学生运用计算思维的关注点分离、分解、抽象、转化、算法思维、归纳和纠错，分步解决问题。经过教师的启发和指导，学生可以对问题进行较为透彻的分析，并借助相关学习资料编写程序，实现程序的顺利运行。对于小组创作的作品，

要让学生进行自我评价、相互评价和作品展示，在评价和展示中发现问题、纠正问题、改进作品，提高归纳总结能力，进一步真正将计算思维的能力内化。

（3）教学过程。

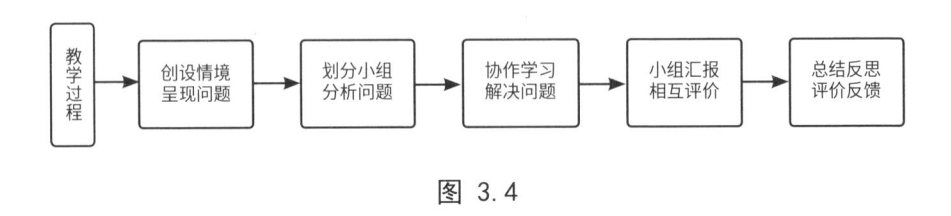

教学过程 → 创设情境呈现问题 → 划分小组分析问题 → 协作学习解决问题 → 小组汇报相互评价 → 总结反思评价反馈

图 3.4

在评价学生的过程中，既要看知识程度，也要注意思维能力的变化。主要采用问卷调查的形式评估学习者知识掌握程度、作品完成情况、学习态度情况以及思维变化情况等。

3.4 面向计算思维培养的项目化学习教学设计

1. 方案名称：《编程控灯利出行》
2. 教材分析

本节课的知识内容选自新课标提出后的普通高中教科书信息技术高一必修《数据与计算》中的第二章，这一章主要包括四小节内容，前两次课分别是第一节的计算机与问题求解、第二节的算法及其表示、第三节的程序设计基本知识和第四节的两种常见算法的程序实现，在学习此章节前，笔者将教学内容进行了梳理，决定分为三次课来上，前两次课分别讲授第一、二、三节里的理论知识部分，涉及常量变量、运算符与表达式、语句与程序结构等概念性知识，以及第四节常见的两种算法程序实现。第三次课即笔者本次所讲的"编程控灯利出行"操作课，前面学习的内容很好地为这次课做了铺垫。

（1）学生分析。

在项目化学习教学模式多次提出后，高中教师也开始重视这种模式，逐渐将这种模式应用到平时传统教学中，学生对这种教学模式已经不像从前那样陌生了。作为本次实验研究教学中的主体——高一学生，经历了小学、初中阶段信息技术课程的学习，已经学会了如何在互联网上找寻信息、搜集资料，能够主动获取学习知识。在本学期前几次课程的学习中，学生们也已经对程序设计方面的知识有所了解，对基本的常量变量、运算符与表达式、语句与程序结构等理论知识有所掌握，这些都为这节课的知识学习打下基础，从前几次课的学生表现上来看，他们更愿意亲自动手进行红绿灯的绘制，对这部分内容比较感兴趣，愿意更深层次地学习应用知识。

（2）教学目标。

①知识与技能

a. 熟悉用海龟绘图绘制红绿灯的步骤；

b. 简单掌握用自然语言、流程图、代码来描述算法的方法以及在计算机上编写 Python 代码。

②过程与方法

通过自主探究和小组合作的方式，掌握描述算法的方法并能在计算机上用海龟绘图编写 Python 代码。

情感态度与价值观

鼓励学生对智能交通进行认识和探索,激发他们对算法编程的兴趣,培养学生合作学习和自主学习的意识。

(3) 教学重难点。

①教学重点

了解海龟绘图绘制红绿灯的步骤,能够运用描述算法的方法解决问题。

②教学难点

掌握描述算法的方法,能够在计算机上编写出代码。

(4) 教学过程。

■ **教学环节一:概述教学活动**

教师活动:向学生介绍上课方式(采用面向计算思维培养的项目化学习教学模式),简要说明此次课的流程,简单介绍计算以及计算思维系列方法,使学生明确学习方式,做好准备。

学生活动:认真听讲,做好笔记,积极思考,不明白的地方及时提问。

■ **教学环节二:创设问题情境,导入新课**

教师活动:

①播放《智能交通信号灯》的一个视频片段,引出这节课的学习主题:编程控灯利出行。介绍关注点分离的概念。

②关注点分离就是将问题看成多个部分的组合体并对各部分分别加以处理。在观看此视频时教师引导学生学会将问题局部化,理解关注点分离的方法。

学生活动:认真观看视频,理解计算思维中关注点分离的概念。能够将视频中谈及的自助式人行过街红绿灯问题简化,关注每一个部分,对部分进行理解。

通过情境创设的方式将学生带入新知识编程控灯利出行的学习中，激发学生的学习兴趣。

■ **教学环节三：提出问题**

教师活动：

①提出问题：如果你是自助式人行过街红绿灯的设计者，利用海龟绘图工具，你如何来设计实现它呢？计算机是如何做到的？

②介绍抽象的概念。教师引导学生将提出的问题抽象为计算机可以解决的模型，思考计算机是如何实现红绿灯倒计时的。

学生活动：认真进行思考，理解计算思维中抽象的概念。思考如何将老师提出的问题抽象成计算机可以处理的模型，计算机如何实现红绿灯倒计时装置的设置。

提出与生活实际紧密相关的问题，激发学生思考问题的兴趣，针对较为复杂的任务，能运用形式化方式描述问题。

■ **教学环节四：划分小组，分析问题**

①引导学生分析问题：如果快速得到这个问题的答案有一定难度，那大家试试能不能分解成一个个小问题来解决。

②介绍化简、分解的概念及应用。化简就是将复杂的大问题简单化，分解就是把大问题分解为容易解决的小问题。在将问题进行关注点分离和抽象后，一般运用化简、分解的方法来进一步分析。

③利用 Python turtle 实现，可以分解成几个问题：

a. 信号灯的状态如何变化？

b. 如何绘制信号灯？

c. 信号灯的倒计时如何设置？

d. 怎么实现信号灯＋倒计时效果？

④组织学生进行分组，4～5人一组，提供学习支撑材料，指导学生进行自主学习和协作学习，给学生发放评价量规，让学生做好评价记录。

⑤小组派代表回答，给出分解出的几个问题的答案。教师进行补充说明，给出正确答案。

学生活动：

①学生在教师的引导下思考问题，理解计算思维的化简与分解的概念，并将其运用在教师提出的问题上。

②学生4～5人结成一小组，成员针对分解完的小问题进行思考，利用网络收集资料，并结合教师提供的学习支撑材料，进行小组讨论，交流意见，给出问题的答案。

通过划分小组，在教师的引导下先自主合作学习再交流讨论合作学习的方式，将本节课提出的问题进行分析，培养学生发现和分析问题的能力以及协作学习的能力。

■ 教学环节五：协作学习，解决问题

教师活动：

①小组协作，对两个关键问题进行解决：

a. 编写绘制红绿灯代码。

b. 实现倒计时功能，结合半填空式的学习支撑材料，按照自然语言、流程图、代码的顺序将代码填写完整，交流讨论，小组派代表给出答案。教师进行纠错和补充说明。

②介绍算法思维的计算思维概念。在经过抽象和分解后，学生可以

用自然语言去描述这个过程，但仅凭自然语言在 Python turtle 进行程序设计是困难的，还需用流程图描述算法，再转化成代码。

③解决问题：将程序代码在计算机上实现。在计算机 Python 界面里调用 turtle 和 time 工具进行代码敲写，完成红绿灯倒计时的绘制。得到最终结果如果不正确，再修改纠错。教师巡堂指导。

④介绍计算思维中自动化的概念。自动化就是由机器自动一步步执行，即由计算机将编写好的程序来自动化实现。

⑤绘制红绿灯倒计时代码：

```
import turtle
import time
lightr=turtle.Turtle()
lightr.hideturtle()
lightg=turtle.Turtle()
lightg.hideturtle()
lightr.color("redn",,"red")
lightt.begin_fill()
lightr.circle(20))
lightr.end_fill()
text=turtle.Turtle()
text.hideturtle()
i=15
while i>=1:
text.write(i,font=("黑体n,14,"normal")
time.sleep(1)
```

```
text.clear()
i=i-1
lightr.clear()
lightr.hideturtle()
lightg.penup()
lightg.goto(0,-60)
lightg.pendown()
lightg.color("green","green")
lightg.begin_fill()
lightg.circle(20)
lightg.end_fill()
text=turtle.Turtle()
text.hideturtle()
text.penup()
text.goto(0,-60)
text.pendown()
i=20
while i>=1:
text.write(i,font="黑体",14,"normal"))
time.sleep(1)
Text.clear()
i=i-1
lightg.clear()
lightg.hideturtle()
```

⑥介绍纠错的概念。在进行程序设计编写代码时,纠错始终伴随其中。当运行程序时发现与预期不同的情况发生时,就回去寻找哪里出现了问题,此时就会用到纠错,即通过测试和调试去实现。

学生活动:

①协作学习,交流讨论,理解算法思维的概念,学会一步步由自然语言转化为流程图再转化为代码,思考问题答案,填写学习材料,找出用到的海龟绘图中的控制语句。小组代表发言,给出填空答案。认证听其他组的回答,做好笔记。

②学生绘制红绿灯的自然语言和流程图(见图3.5):

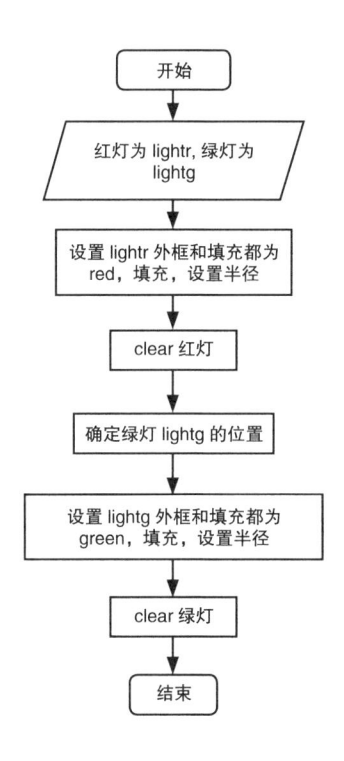

图 3.5

第一步，绘制红灯圆的外框、填充红色，设置红灯的半径；

第二步，红灯灭；

第三步，确定绿灯的位置（不能与红灯重合）；

……

③绘制倒计时的自然语言和流程图（见图3.6）：

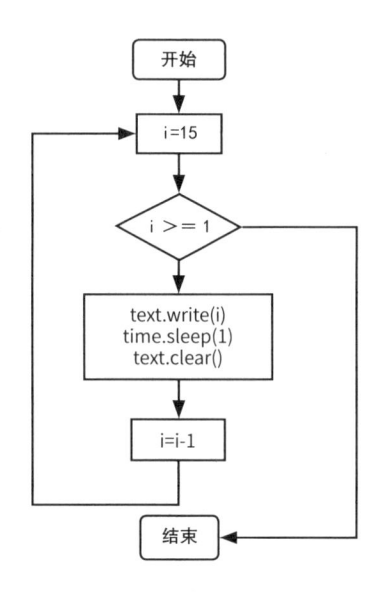

图 3.6

第一步，输入时间；

第二步，判断时间是否以属于设定范围；

第三步，输出时间，停留一秒，时间消失。

④理解计算思维的重要方法：自动化和纠错。为确保计算机的自动化，学生需按照已填好的正确代码在 Python 界面动手编写，然后运行程序，如运行错误就用纠错的方法，测试和调试后找出错误的地方进行修改，直到实现红绿灯倒计时。

以于高一学生的认知特点和学习应用算法的能力，他们无法一步到位编写程序，故在解决程序设计类问题时要一步步按照自然语言、画流程图、敲代码的顺序进行，只靠自主探究学生往往无法完成，需要小组交流讨论来共同得出答案。最终在计算机上解决问题。进而锻炼他们的探究和协作能力，培养思维方式。

■ **教学环节六：小组展示成果**

教师活动：各小组选出代表作品进行展示。介绍归纳的方法。将作品的制作进行归纳总结，有条理性地给出结论。如在展示作品的过程中发现了问题，仍需要采用纠错的方法完善作品。让学生自由展示，加深对作品的理解，巩固知识，在展示中发现问题、完善问题。

学生活动：认真听讲，理解归纳和纠错的概念，观看其他组作品，做好笔记，修改完善自己的作品。

■ **教学环节七：总结反思，评价反馈**

教师活动：引导各小组学生回忆整堂课的学习过程，自行总结本课学习内容，教师进行补充。

学生活动：组内交流想法，总结归纳知识点，加深理解。

3. 教学评价

此次课主要用到过程性评价和总结性评价两种方式。其中，在面向计算思维培养的项目化学习教学模式下，学生根据评价量规（见表 3.1）

对自己和成员进行评价就要用到过程性评价，同时教师也要注意学生在学习活动时的表现，对学生和各小组的表现情况做好记录。在互评的过程中，更好地促进师与生、生与生之间的交流，也让学生更多地关注自己的学习体验，关注计算思维的一步步转化情况，不仅能获得知识和技能，也可以提升自主学习、合作探究、解决问题的能力，培养计算思维。在教学活动结束后要进行总结性评价，可以更清楚教学的最终效果，采用分析作品和测试题的方式，让评价多元化，力求全面公正。

总之，面向计算思维培养的项目化学习教学模式会在教学过程中不断地渗透计算思维的概念和方法，教会学生如何应用，而且把真实的问题引入教学中，让学生在更接近生活的情境下学习知识、理解知识、解决问题，可以更好地提高学生的计算思维意识，锻炼良好的思维习惯。整节课学生的兴趣度非常高，有很强的求知欲，也对计算思维的融入非常认可，这也启发了笔者在今后教授课程内容时要注意多给学生们合作学习的机会，要注重学生计算思维的培养，提高学生的学习效率，圆满完成新课标提出的教学目标。

表3.1 学习评价量规

姓名：			组名：		
评价指标				自评	互评
1.收集信息		A. 能够使用各种方法快速收集信息。			
		B. 可以收集所需的信息，但方法相对单一。			
		C. 可以在其他人的帮助下以某种方式收集信息。			
		D. 无法以某种方式收集信息。			

续表

评价指标		自评	互评
2. 整理信息	A. 可以剔除不相关的信息并选出与主题相关的信息。		
	B. 可以基本剔除不相关的信息，选出与主题相关的信息。		
	C. 可以在同伴的帮助下区分信息。		
	D. 不知如何整理信息。		
3. 资源共享	A. 可以主动为同伴提供所需的资源。		
	B. 可以根据同伴的要求提供所需的资源。		
	C. 可以根据同伴要求提供部分所需资源。		
	D. 不愿意提供资源。		
4. 分析问题、设计算法	A. 可以独立把问题分解成若干小问题并进行算法分析。		
	B. 可以在教师指导下对问题进行算法分析。		
	C. 可以在同伴帮助下对问题进行算法分析。		
	D. 不能进行算法分析。		
5. 绘制流程图	A. 可以根据算法独立绘制正确的流程图。		
	B. 可以根据算法独立地在一定时间内绘制正确流程图。		
	C. 可以在同学的帮助下，绘制流程图。		
	D. 无法绘制流程图。		
6. 设计代码	A. 可以根据流程图独立设计代码。		
	B. 可以根据流程图独立地在一定时间内设计正确的代码。		
	C. 可以在同学的帮助下设计代码。		
	D. 无法设计代码。		
7. 运行实现、调试程序	A. 可以根据代码独立操作、调试错误、成功运行。		
	B. 可以根据代码在一定时间内成功运行。		
	C. 可以在同伴的帮助下运行调试程序。		
	D. 不能成功运行程序。		
8. 归纳总结	A. 可以通过找到的资料分析解决问题。		
	B. 可以通过找到的资料分析解答部分问题。		
	C. 可以通过查找到的资料分析部分问题，但无法解答。		
	D. 无法分析和解答问题。		

第四章　项目化学习实施中的关键问题

进入新世纪以来，全球化趋势加剧，全球各地的社会与经济发展随时面临着新的变革与挑战，高素质的人才是一个国家（地区）在未来竞争中保持兴旺稳定的宝贵资源。可以说，进入了 21 世纪就进入了全球人才争夺战。该培养什么样的人才能适应 21 世纪的工作和生活？基于这一问题，全球许多国际组织、国家和地区都在提前准备并积极思考。20 世纪末，在世界范围内提出了一系列的合格人才培养理念，许多国家（地区）都争相制定新时期的教育政策，将这些新时代人才素养理念作为教育改革的基础和依据。美国 21 世纪技能合作组织提出了"21 世纪技能（21st Century Skills）"的概念；经济合作与发展组织则称之为"21 世纪核心素养（21st Century Competencies）"；在欧盟使用的是"关键素养（Key Competences）"一词，而澳大利亚教育部门将新时代所需的素养总结为"综合能力（General Capabilities）"；我国香港倡导培养学生的"共通能力（Generic Skills）"，中国大陆和台湾地区则要求通过教育达到对学生"核心素养（Core Competencies）"的培养。

2016 年 9 月 20 日，中国发布了《中国学生发展核心素养》，围绕

第四章 项目化学习实施中的关键问题

培养"全面发展的人"这一重要核心,从文化基础、自主发展和社会参与三个方面展开,制订六大类核心素养。核心素养包括人文底蕴、科学精神、学会学习、健康生活、责任担当、实践创新,为更好地阐述核心素养理念将其再次细化为十八个基本要点。《中国学生发展核心素养》中明确指出了在新时期我们的学生所要拥有的,适合未来社会发展与终身学习所必需的品质与能力。不仅充分借鉴了20世纪末世界各国提出的对新时期人才的培养要求,而且对应着我国自古传承下来的立身、笃学、济世的儒学思想。以个人、社会、国家这三个层面对新一代学生的要求为出发点,具有立足当下着眼未来的重大意义。

我国建立的学生发展核心素养体系进一步承接和完善了之前的素质教育观,关注学生作为"完整的人"的各发展阶段,推动真正的"以学生发展为本"的素质教育的进行,对未来国民素质的提升方面也具有巨大的价值。在我国,素质教育虽然倡导了多年,着力改善只关注智育忽略培养学生的其他能力的问题,但分数至上这个观念根深蒂固,仍有补习班盛行、中小学生近视率飙升、代写假期作业产业链等种种教育怪象出现。素质教育是针对教育现象而提出的具有宏观指导性的教育思想,"核心素养"的提出,对应的主题是"人",也就是作为教育主体的"学生",而针对教学中学科本位专门提出的"学科核心素养"概念更强调学生的素质可以通过我们的学科教育去培养习得。"学科核心素养"这一概念的形成与推广,令我国长期倡导的素质教育理念有了具体的载体,进而更具有可操作性。

2018年1月,教育部颁布《普通高中信息技术课程标准(2017版)》(以下简称新课标),确立"信息意识""计算思维""数字化学习与创新""信息社会责任"四大学科核心素养，结合信息技术这门学科的特点具体阐述中国学生发展核心素养中的相关维度，将其作为通过学科知识培养核心素养的基础之一。

信息技术学科承载着信息时代人才培养的重大使命，其建设发展尤为重要。新一代学生出生在信息高速发展的今天，可谓是信息时代的"原住民"，对信息技术相关知识接触早、掌握快。信息技术新课标颁布后，原来教材内容进行了更新，适用于素养提升的教学媒体与方法也在不断更新，新课标带来的新挑战对教师的教学设计能力提出更高的要求，也促使教师从传统教书匠向着新型研究者转变。传统的"教师教会学生知识"的教学思想逐步被"学生自主学习"的思想取代。在新课标中也特别指出，信息技术这门学科的独特性使得课堂教学更加强调"以学生为中心"的教育思想。建构主义的学习理论指导教师为学生搭建"学习支架"以培养学生素养和探究能力，而且有助于在课堂教学实践中兼顾学生认知水平和学习能力的差异，是"以学生为中心"进行教学设计的重要工具。

4.1 用好学习支架

高中信息技术课堂在培养新时代具有核心素养人才的同时仍肩负着培养学生通过学业水平考试的任务。随着新课标的颁布，高中信息技术课程水平考试成绩评价与核心素养的落实的具体检验标准还需要广大学者在实践中进一步融合统一。当前信息技术课程设计在理论与落实上存在着一定差距,在落实核心素养要求和取得学业水平考试的成绩上还存在着一定程度的不统一不平衡的现象。传统的以考试为中心、只关心学生"会不会做题""能不能得分"的现象逐渐消失。但现阶段在信息技术教学设计的理论与实践研究中,存在一定程度上的只为培养核心素养而设计"新"教学模式却忽视成绩的问题。翻转课堂、项目化学习等一系列课堂活动提升了学生的兴趣与能力,但存在"新"教学模式与信息技术学科生硬整合的问题,出现"被探究"和"为了学习而学习"等现象。课堂教学中忽略不同学生学习能力和基础知识的"被探究"一定程度上增加了学习的负担,临近考试,为提高水平考试成绩不得已又采取"满堂灌"的教学模式。支架式教学模式以学生的自主探究合作为基础,并且具有灵活性,在改善课堂教学环境、激发学生兴趣方面有一定的作用,灵活的支架搭建可以融入新课标提倡的新教学模式当中,有助于减轻学生的学习负担,同时也起到了巩固学习内容的作用。当今高中信息技术课程改革仍处于不断探索和实践检验阶段,支架式教学设计在解决现阶段课堂教学问题和提升学生核心素养方面可以提供一定的帮助。

1. 学习支架

人们通常会在建筑房屋时使用支架进行辅助,完成工作后需要将支架拆掉。伍德、普利斯里等人率先将建筑中的支架与成人在儿童学习时所提供的帮助进行类比,把学习支架的概念引入教育领域中。将学习支架定义为"根据学生对知识的需求提供支持,在学生能力提高时将支架及时撤退以完成对知识学习的帮助"。欧共体"远程教育与训练项目(DGX Ⅲ)"相关文件描述的学习支架是"为方便学生对知识掌握与理解而由他人提供的一种概念框架"。何克抗总结的学习支架是"可以在策略选择、问题思考、行为判断、效率提高以及如何使用工具等方面，给予学习者以适当的帮助的支架"。何克抗的定义有别于传统定义，学习支架的作用不仅限于对知识的建构，支架的提供者也不仅限于传统意义上的教育者，同伴和教学工具都可以成为学习支架的提供者。所以本文中将学习支架定义为：具有不同的表现形式，能辅助学习者快速而有效地进入最近发展区，以获得潜在的发展水平，具有辅助师生进行教学互动且能实现一定教学功能的支架。

2. 支架式教学

根据欧共体"远距离教育与训练项目"的有关文件，支架式教学被认为"应当为学习者建构对知识的理解提供一种概念框架（Conceptual Framework）"。这种框架中的概念侧重于学习者对问题的进一步理解，为此，事先要把复杂的学习任务加以分解，以便于把学习者的理解逐步引向深入。

显然，这种教学思想来源于苏联著名心理学家维果茨基的"最邻近发展区"理论。维果茨基认为，在儿童智力活动中，解决问题所需的能力和原有能力之间可能存在差异，在教师帮助下可以消除这种差异，这个差异就是"最邻近发展区"。换句话说，最邻近发展区的定义为"儿童独立解决问题时的实际发展水平（第一个发展水平）和教师指导下解决问题时的潜在发展水平（第二个发展水平）之间的距离"。可见儿童的第一个发展水平与第二个发展水平之间的状态是由教学决定的，即教学可以创造最邻近发展区。因此教学绝不应消极地适应儿童智力发展的已有水平，而应当走在发展的前面，不停顿地把儿童的智力从一个水平引导到另一个新的更高的水平。

第四章 项目化学习实施中的关键问题

支架式教学法是基于建构主义学习理论提出的一种以学习者为中心，以培养学生的问题解决能力和自主学习能力为目标的教学法。该教学法能够一步一步地为学生的学习提供适当的、小步调的线索或提示（支架），让学生通过这些支架一步一步地攀升，逐渐发现和解决学习中的问题，掌握所要学习的知识，提高问题解决能力，成长为独立的学习者。支架式教学法在透明私塾的个性化多维智能教学系统（MITS）中已有应用。

根据最近发展区理论，要利用教学创建学生的最近发展区，而支架式教学形象地来说就是帮助学生跨越最邻近发展区的梯子。支架式教学常被认为是一种教学思想，可以说它既是指导思想也是教学模式。建构主义教育学家认为在确定学生自身的知识水平基础上，通过合理运用学习支架可以达到培养学生的问题解决能力、自主学习能力和创新能力的目的。通过支架式教学设计能够带领学生主动穿越最邻近发展区，完成教学任务。广义的支架式教学定义为：在课堂教学各环节中明显使用了学习支架为学生的学习行为提供帮助的教学行为"。本文结合了广义的支架式教学定义，把支架式教学定义为：通过学习支架的支撑功能或对具有多种外在表现形式的支架有技巧地组合使用，不停顿地把学生的智力从一个水平提升到更高水平的一种教学行为。

支架式教学的概念最早诞生于探究家长怎样引导他们的孩子学会自我表达的研究中，柯林斯在他的认知学徒模型中最早使用了"支架"概念。国外的支架式教学理论研究成果丰硕，实证研究开展得也很早。从20世纪90年代开始的支架式教学实践随着信息技术的发展不断进步，结合现代多媒体工具搭建支架的实证研究成果也为我国支架式教学研究提供了新思路。国外研究人员基于教学实践开发多种类型的学习支架，关注支架在搭建与撤退时产生的效果，探究支架在项目式教学中的使用方法以及多种支架共同作用时会产生的效果。Paul Warwick 等人使用交互式电子白板作为支架辅助英国 8～10 岁小学生的科学课程学习，证明由教师通过技术手段提供的支架更利于促进集体学习的效果。Kim Minchi 等人通过技术手段创设情境建立支架，在问题识别、证据探索、方案的重构、方案的沟通与论证、方案的修订与反思这五种问题解决的活动过程中探索多媒体技术构成的支架效果。Janet Zydney 基于认知灵活理论（CFT）设计名为"污染解决方案"的学习项目，提供案例支架和有助于学生对问题进行多视角思考的不同类型支架，通过对该项目结果的分析得出，使用包含多视角思考的支架工具的学生在完成项目时能提供更多的创意，有利于创新素养的形成。Omar Torreblanca 分析师生间共同的互动形式，将师生对话作为学习支架，利用谈话的力量来吸引学生，刺激和扩展他们的思维，以促进他们的学习和理解能力。Andrew Tawfik 讨论支架撤退对深度学习的影响，学习者按照两个时间表进行支架撤退，一个被称为"持续的支架时间表"，另一个被称为"撤退的支架时间表"，检测学生知识结构中概念的关联情况发现，在学生获得必要解决问题能力之前支架是不能撤退的，新手在进行深度学习时依赖支架的时间会更长。

  国内对支架式教学的研究起步比较晚，发展也比较缓慢。但近年来，支架式教学在职业教育领域中得到广泛运用，也逐步受到中小学学科教育研究工作者的关注。

  何克抗于 1997 年出版专著分析了建构主义的教学方法，对支架式教学定义及涵盖的步骤做了相应解读，随后在论文中率先提出"信息技术需要与课程深度整合"的观点，并提出了结合学科课程运用支架教学的具体策略。2003年，闫寒冰结合信息技术对支架式教学原则的确立、支架使用等方面做了比较全面的总结与介绍。孙永嘉通过对现有研究的梳理认为当前国内的支架式教学研究从支架的形式、搭建形式、应用原则以及涉及技术应用等几个方面进行。周维娟对比国内外研究成果数量发现，目前支架式教学在中小学的应用研究很少，相比于国外更缺乏案例研究，进而为支架式教学研究指明从案例入手的研究方向。新课程改革以来，各个学科均密切关注着建构主义理论成果，近年来教育技术领域研究人员也逐渐开始关注如何将支架式教学应用到学科教学实践当中。目前实践所涵盖的学科主要是体育、数学、物理、化学、音乐舞蹈和美术。2013年，由上海市长安小学发起的"支架式复习任务单"课题获得了立项；2015年，愉快教育研究所开展联合全国90所中小学校的支架式教学项目研究；2017年，上海市普陀区桃浦中心小学"基于微课的支架式教学策略"也已申报立项。通过课堂实践经验积累，基于平板电脑和互动反馈技术搭建丰富的支架，利用云平台完成学习数据的及时同步，根据学情调整支架，贯彻新课改理念，使用科技手段关注每一个学生，有效地推动支架式教学实践研究的进步。

3. 组成环节

支架式教学由以下几个环节组成：

A. 搭脚手架——围绕当前学习主题，按"最邻近发展区"的要求建立概念框架。

B. 进入情境——将学生引入一定的问题情境（概念框架中的某个节点）。

C. 独立探索——让学生独立探索。探索内容包括：确定与给定概念有关的各种属性，并将各种属性按其重要性大小顺序排列。探索开始时要先由教师启发引导（例如演示或介绍理解类似概念的过程），然后让学生自己去分析；探索过程中教师要适时提示，帮助学生沿概念框架逐步攀升。起初的引导、帮助可以多一些，以后逐渐减少——愈来愈多地放手让学生自己探索；最后要争取做到无须教师引导，学生自己就能在概念框架中继续攀升。

D. 协作学习——进行小组协商、讨论。讨论的结果有可能使原来确定的、与当前所学概念有关的属性增加或减少，各种属性的排列次序也可能有所调整，并使原来多种意见相互矛盾、态度纷呈的复杂局面逐渐变得明朗、一致起来。在共享集体思维成果的基础上达到对当前所学概念比较全面、正确的理解，即最终完成对所学知识的意义建构。

E. 效果评价——对学习效果的评价包括学生个人的自我评价和学习小组对个人的学习评价，评价内容包括：

①自主学习能力；

②对小组协作学习所做出的贡献；

③是否完成对所学知识的意义建构。

4. 学习支架类型划分

学习支架的运用是支架式教学设计的关键，学习支架分类方式繁多，但支架使用最终要依附特定的表现形式。

(1) 范例支架。

范例教学法代表人物瓦·根舍因认为范例就是隐含着本质和基础因素的典型事例。范例支架就是通过提供一个典型的事例作为支架让学生进行参考和模仿。范例可以是一个现有的作品模型，也可以是一个操作示范。信息技术课需要学习大量的软件操作，最常见的方式就是教师通过一步步的操作形成一个范例，学生模仿教师提供的范例完成对软件的学习。范例支架可以结合作品原型和操作示范两种形式，在信息技术作品制作课上可以提供多种半成品的作品作为范例，让学生根据教师的操作在作品上进行更改和尝试。在操作技能方面按照教师的示范进行模仿，在作品创意方面结合不同的范例作品产生自己的思考。新课改提出要减轻学生学习软件工具的负担，更强调通过操作工具完成数字化作品以培养学生数字化学习与创新的素养。使用范例支架能够落实新课标关于简轻学生的学习负担的要求，如在网站制作学习中，从零开始建立网站花费时间长，教师提供现有的多种网站前端布局框架作为范例能充分节省课堂时间，帮助学生更好地把注意力集中在完整的建站学习当中。当代学生处于信息化程度比较高的时代，审美能力也在提高，比如在3D建模学习中，从基础开始学习，学生很容易因为作品与期待不符而降低学习积极性，而在课程初期使用半成品建模作品作为范例支架，则能使学生很快看到完成的作品，有利于提高学生接下来的学习兴趣。

(2) 问题支架。

几千年前，优秀的教师就在使用问题来引导学生建构属于自己的知识，在古希腊的大街上，苏格拉底以一连串的问题启发人们进行哲学思考，形成对人生的不同见解，在如今的信息技术课堂上如何选择适当的时机提出适合的问题也是设计好一节课的关键。在问题设计时既可以通过纵向形成问题链引导教学任务逐步深入，也可以通过横向提问扩展思维领域调节课堂氛围。使用问题链的形式让学生一边解决问题一边提出新的问题，在支架组合时将需要解决的多个小问题组成一个逐步深入的大问题贯穿在整个课堂的任务中。如在学习搜索引擎的使用技巧时，搜索文章内容后发现有不认识的字，先去解决读音再去解决含义，利用纵向的问题支架促进学生学习的主动性，使学生在每一个问题解决的过程中不仅学到知识还引发新的问题。横向的问题支架可以扩展学生的思维广度，教师在上课前需要预设好学生思维的局限，设置好对应的问题，在需要的时候抛出问题。在小组讨论的过程中使用问题支架补充学生的观点，语气柔和更能起到促进师生情感的作用，如在小组讨论分析出游的数据时，使用问题的形式抛出具体的任务，如你的同学需要帮助，你会帮他拿背包里的哪样物品？为什么考虑拿走雨伞换成雨衣？使用哪种图呈现未来一周的天气情况更好？在准备问题支架时要充分考虑到学生思维的局限，学生是在发展中的人，提问的语气和提问角度也需要充分考虑学生的接受程度，对不同学生要有不同的提问策略，才能更好地启发学生的思考。

(3) 建议支架。

建议支架和问题支架类似，可以说建议支架是问题支架的陈述句形式。但建议支架有其特点，建议支架通常较短，缺少问题支架的逻辑性。相比于问题支架，建议支架也有独特的优势，直接给出的建议能避免学生钻牛角尖，节省重复的思考时间，直接在得到建议时发生顿悟。但要注意，建议不是完整答案也不是标准答案。建议支架的设计要做到简洁明了有启发性。信息技术课教学内容中有编程部分，当学生遇到困难时一个建议能够有效地帮助他们走出思维局限。使用建议支架时要注意时机，对学生自己主动发现的问题要及时给出建议，对教师提出的问题最好让学生先思考一段时间再给出建议。此外，要尽可能基于学生发现的问题判断学生的最邻近发展区，在问题的关键点处点到即止，不能替学生完成思考的过程，通过给出的建议加强学生的理解。

(4) 图表支架。

图表支架是图片或表格形式的学习支架，可以通过直观的展示表达事物之间存在的联系，有助于对问题的简化，促进学生思维的形成，适用于解决步骤较多的复杂问题。高中生处于抽象思维的发展阶段，图表支架能帮助他们把握知识的脉络，有助于促进高级的抽象思维活动。在进行类比学习时常用表格的形式，如在学习防范计算机病毒传播方法时，使用表格展示物理学中阻止声音传播的方法，方便学生直观地进行类比得出结论。图片形式的支架将思维具象化，适用于程序算法类知识的学习，比如在学习递归算法时，很多学生难以对递归公式产生直观印象，利用大自然中的分形现象图片就能更加直观说明递归问题中整体与部分的关系。除了直观的图片外，图表支架中还有流程图、概念图、思维导图等，用来表达概念与概念之间的关系的图片，有助于对所学知识的整体把握。在课前呈现思维导图有助于学生做好进入课堂的准备，提前判断已有知识与新知识的差距。在作品制作的探究过程中展示出流程图，可以帮助学生定位，了解自己正处于完成作品的哪个阶段，有助于理解步骤间的顺序，及时进行调整，利用课堂探索的时间更好地完成作品。

(5) 工具支架。

虽然在使用工具支架时需要由教师提供硬件软件环境，但是对于学生来说解决问题所用支架的实际提供者是计算机和网络设备，因此工具支架也可称为计算机支架。教师提供的并不是直接作用于问题解决的学习支架，而仅是能够解决问题的设备支持。何克抗认为工具支架的概念要与一般的辅助工具的概念区分开，辅助工具只能简化任务程序，而工具支架可以借助简化任务来处理更复杂的程序。工具支架并不像传统学习支架定义中所说的是由教师提供的，仅用于简化问题并教给学生知识，而是直接针对信息化时代所需的解决问题能力提供学习支架，促进学生借助计算机去搜索问题答案，进而形成自主构建支架的能力。网络上的专家系统、搜索引擎、多媒体教学软件、论坛网站、MOOC 平台等都是可以供学生提升查找知识解决问题能力的工具支架。

(6) 同伴支架。

随着支架式教学的发展，学习支架的内涵在不断丰富，支架也被赋予从辅助知识学习到辅助各方面能力提升的更为深刻的内涵。如今，"支架"不单单由教育者提供，同伴也成为学习支架重要的组成部分。同伴支架具有以上支架的部分特征，但提供支架的主体不再是教师。同伴支架的构建更利于锻炼学生的协作交流的能力，在沟通表达中形成知识的内化。教师在课堂教学过程中应以多种形式辅助学生进行同伴支架的搭建，学生自主构建支架并为同伴提供支架的过程正是其思维形成的过程，教师应注意引导学生思维，帮助学生更好地构建同伴支架。如在小组讨论中提供意见分享表格，规定分享自己意见时可以用何种形式去表达，方便学生更好地把自己的想法和组员传达清楚。

5. 用好支架式教学

海德格尔说，什么样的工具被运用，就意味着什么样的世界被呈现。在数字化学习支架的应用中，教师要弱化先行者的功能，承担起项目化学习中支持者和辅导者的角色，并从教学交互角度切入，审视全局做好数字化学习支架推送的"加法和减法"。不仅要在学生遇到困难时及时引入各种数智资源支架，而且要充分依靠和发挥学生的能力，让技术消隐在学习之中，帮助学生重筑学习路径。

支架式教学强调学生的主体性，要求教学设计者在进行设计时把握好教师的角色定位，准确发现学生的最邻近发展区。教师对学生的了解是发现并确定最邻近发展区的重要途径。新课标提倡通过学科教学达到对学科核心素养的培养，学科知识能够快速促进主要学科核心素养的生成，而全部学科核心素养的培养更多依靠的是教学设计和课堂教学。维果茨基提出的社会文化理论认为，成人为儿童建立了许多心理对话模型，并通过互动来控制他们的行为。这就要求通过教学设计辅助师生之间的互动，加强师生的了解。此外，对不同支架类型的选用和撤退支架的时机也是支架式教学设计的关键，要求教师在确定最邻近发展区的基础上选择支架、使用支架，要理解支架的含义，不能盲目扩大和缩小支架的概念。教师应正确看待支架式教学设计，教学策略和学习支架在本质上没有较大的区别，它们各有优势，相互补充，并不是相互孤立的。对学习支架引入和撤退的把握本身也是一种教学的策略，要关注到每一个学生的真正需求，更灵活地使用支架进行教学。使用支架式教学设计时要从根本上改变原来的灌输方法，教师要放手让学生通过自主学习掌握学科知识，主动去探究解决问题，以促进思维的形成，真正通过信息技术课堂教学培养出能够使用数字化工具去探究合作、拥有学科思维、具备学科核心素养的新时代人才。因此教学设计者在进行支架式教学设计时应该遵循如下几个原则。

(1) 尊重学生需求和严格要求学生相结合的原则。

要尊重学生，尊重他们的实际水平和对未来的期待。首先，教学设计者要明确教学设计围绕的是学生需求，信息技术在不断发展，在帮助学生掌握必备的知识与技能基础上还要提高他们解决实际问题的能力，信息技术的教材不是固定的，教材只是辅助，实际生活中的信息技术应成为教学设计的补充。其次，支架式教学设计要贴合最邻近发展区，面向全体学生的最邻近发展区建立支架，选取大多数学生需要努力才能达到的目标进行支架设计，设置任务时要考虑学生的努力程度，避免因为难度设置不当造成大多数学生时间和精力的浪费。最后，要关注学生的情感和未来职业发展需求，高中阶段的学生也需要进行职业规划设计，高中信息技术课程也承担着让高中生更好地融入信息化社会、指导学生未来职业选择的责任。要在教学设计中把学生看成探索知识、利用知识的主体，利用现有的信息设备为学生提供工具支架，创设真实的探索环境。高中信息技术课作为技术类课程也有作品制作的需要，教师的语言和行动应成为鼓励学生学习的动力，教师要尊重学生的观点和创意，辅助学生完成作品。

支架式教学要加强对教学过程的把控。基于学生的最邻近发展区进行教学设计时，要分析学生现有水平和期待水平之间的差距，同时也要关注到目前学生水平不平衡的现状。支架的搭建可以帮助学生主动思考，通过自学弥补基础差距。以学生为主体进行支架式教学设计时，既要给学生足够的自由，发挥学生探索合作的主动性，也要关注学生的学习方式，关注小组合作交流和尝试错误解决问题的思维方式。信息技术学科有很多知识技能是相互衔接的，但学生在缺乏一定计算机操作常识的时候很容易按部就班地操作，将技能学习变为软件操作学习。在新课标规定下，教学内容难度加大，学生一节课上信息获取量也在增大，给学生自主探索空间的同时，要利用支架的设计要求学生充分利用课堂时间思考，严格把控教学环节之间的衔接，支撑观点的表达和培养解决问题的意识，严格要求学生。

(2) 以问题支架为主注重情境创设的原则。

信息技术课程的支架式教学设计要针对信息技术学科特点，目前在信息技术的课堂上通常采用任务驱动教学法，新课标建议开展项目化学习教学法，信息技术课程特点也更适于将知识融入项目解决的过程当中。支架式教学设计结合支架式教学法的特点和新课标建议，使用问题支架进行知识的串联，纵向形成问题链，有助于学生对所学内容的逐层深入探究。信息技术特级教师李冬梅曾表示过对单纯以任务串联起的信息技术课程的担忧，"信息技术课程，一个任务接着一个任务，为了任务而任务。学到的知识是零散的"。所以在提供问题和项目的同时还要强调情境化教学，对教学情境的选择应基于对学生需求和真实学习情况的调查，使所探究的问题或完成的项目更贴近学生生活，让学生更感兴趣，还要让学生在完成任务的同时感受到信息技术的价值。如使用Excel进行数据分析时，将排序操作的内容加以情境化，转化为学生在处理成绩信息时都会遇到的同分不同名次的问题。可以利用腾讯Team Work协同工作表替代传统Excel软件，让学生在学习表格数据处理的同时感受到，在团队合作中，一位小组成员错误的改动会造成全组数据表出错，通过创设一个模拟真实软件公司协作解决问题的情境，向学生传达数据安全的重要性。

(3) 支架设置适时适量和动态定制的原则。

在支架式教学理论中，学习支架是帮助学生穿越最邻近发展区的重要工具，不能离开学习支架空谈在真实情境中学习，提供带有真实情境的学习支架是要让学生去经历更有经验的学习者曾经历过的思维过程，加强隐性知识的学习。用支架的设置和撤退去帮助学生从简单的获取知识到内化支架，通过自己的理解重新搭建属于自己的支架。支架的作用是引发学生思考而非单纯提供一种解决方案。所以在教学设计中要注意何时使用支架何时撤退支架，此外，在提供支架的量和度上都要有动态的调整。支架式教学具有很高的灵活性，有的问题是普遍存在的，提前预设好支架能够节省课堂时间。有的问题仅在课堂中发生，要求教师在进行教学设计时多思考多预判。同样对于不同能力的学生，是否适合给予支架、给予什么样的支架也是支架式教学设计的重中之重。如在编程学习当中，不同学生对同一个问题会给出不同的程序结构，直接提供程序代码是不可取的，统一的讲解和小组讨论往往又会打断学生各自的思路，影响学生创造性素养的提升，可以让学生通过自主查看学习支架的方式确定所要接受的内容，经历前人经历过的逐步思考过程，将给出的程序片段内化，结合自己已有的想法组合出属于自己的程序。

4.2 跨学科项目项目化学习的实施

近年来，STEM 教育及项目化学习在国内快速发展，成为教育界乃至全社会关注的热门话题。将项目化学习与 STEM 教育相结合的 STEM 项目化学习成为 STEM 教育研究的重点。STEM 项目化学习注重以真实情景中的项目为出发点，整合多种学习资源和跨学科知识，提倡以学生为中心，强调学生学习个性化，注重发展学生思维能力、问题解决能力、创新能力等，打破传统单一的分科教学，能满足现代社会人才培养目标。

2016 年，国务院颁发《国家创新驱动发展战略纲要》，文件指出，创新驱动关系国家发展命运，是全世界发展的趋势，其实质是人才驱动，即 21 世纪的竞争是创新型人才的竞争，中国需要加快建设一支规模宏大、结构合理、素质优良的创新型人才队伍。STEM 项目化学习能帮助学生在实践中获得知识、发展能力、形成正确的情感态度价值观，在学习中讨论、合作、查阅资料、动手操作等为学生培养创新能力提供土壤，真实的问题情景最大限度地激发学生对问题的思考探索，有效地培养学生创新能力；STEM 项目化学习模式在教学中的实施，有利于培养符合社会发展的创新型人才队伍。

我国发布《中国学生发展核心素养》以来，核心素养逐渐成为国内教育研究的热点，核心素养最终目标是培养"全面发展的人"，即培养适应学生终身发展和社会发展需要的必备品格和关键能力。STEM 项目化学习是一种强调以学生为中心、跨学科知识、合作学习、真实情景、自主探究、与生活实践相联系的学习模式，学生在实践中获取的知识、发展的能力、形成的正确情感态度价值观三者有机融合，体验性的知识、能力、态度对学生会产生持久的影响，形成必备品格及关键能力，培养"全面发展的人"，STEM项目化学习是发展学生核心素养的有效途径。

1. STEM 教育的兴起

STEM是科学（Science）、技术（Technology）、工程（Engineering）和数学（Mathematics）四门学科的缩写，它注重多学科的有效整合，意在培养综合型创新型人才。美国是STEM教育的领头羊和发起者，STEM最初是由美国科学教育界提出的，美国把STEM教育看作关乎国家生存与发展的国家战略。1986年，美国国家科学基金会发布了题为"科学、数学和工程本科生教育"的报告，首次清晰地介绍了数学、科学、技术、工程教育的计划建议，这被看作STEM教育的开端。在2001年之前，STEM并非叫STEM，它的名字是SMET，此后，美国国家科学基金会第一次使用STEM来说明涉及多学科的项目活动，在2001年之后，SMET才更改为STEM，并延续至今。在1986年美国提出STEM之前，美国上下都很重视科技发展，尤其是在苏联成功发射第一颗人造卫星之后，美国对于科学日益重视，并提出了STS教育这一理念。STS分别指的是科学、技术和社会的英文首字母的缩写，STS教育意在多方面解读科学、技术以及社会的关系，从而促进整个社会各因素之间平衡可持续发展。虽然在STS提出之后，美国科学在一定程度上得到了发展，但是，美国专家学者发现，在发展科学教育的同时，忽略了工程和数学教育的发展，致使国家工程人才短缺，严重影响了国家综合实力，因此美国提出了STEM教育。随着STEM教育的不断发展，很快得到了世界各国教育者的关注与认同，认为这是未来教育的发展趋势，有利于培养科技人才，提高国家的综合国力。随着国际竞争的日益激烈以及各国对于人才的需求，科学、技术、创新被认为是国家之间相互竞争的一个重要因素，是促进社会不断向前发展的源泉。STEM在美国的发展是一场自上而下的教育改革运动，美国政府很重视STEM的发展，美国各届总统在位期间都推动了STEM教育的发展，其中奥巴马时期签署了多份文件，从国家层面上来推动美国STEM教育的发展，并动员全社会的力量，例如，公司、学校、机构组织等共同努力推动STEM教育的发展。2018年12月，白宫又发布了一项关于美国STEM教育的五年战略计划，即"北极星"计划。倡导社会各界人士与机构加入STEM教育中，形成社会合力以促进STEM教育的发展。

自1986年提出至今，STEM教育已发展了三十多年，其初期提出的目标是加强美国高等教育，为科技行业输送创新型综合人才，以期美国青年一代能成为世界科学和技术引领者。现在，STEM教育已经成为世界上众多国家实现创新教育，培养未来新人，增强国际竞争力的重要战略。随着STEM教育的不断发展，其关注的重点逐渐下移，由最初的高等教育转为中小学。STEM教育倡导问题解决驱动的跨学科整合学习，许多中小学都在尝试开展STEM教育，进行教育教学创新，这也成为世界众多国家进行基础教育改革的热点。

STEM教育不是科学、技术、工程和数学教育的简单组合，而是打破学科之间的界限，利用学科整合思想，将四门或多门学科融入项目式活动中，以更好地培养学生的独立思考能力、搜集信息能力、合作和沟通技巧。STEM教育发展的三十多年间，不仅为美国输送了许多科技人才，也使其他许多国家受益，为他们带来了变革与创新，例如英国、德国、澳大利亚、新西兰等。自21世纪初，STEM教育开始进入我国，这一教育理念也被我国教育专家与学者所认可与接纳。以跨学科知识融合为中心的STEM教育，提倡"做中学"，既重视学生学科知识的掌握，又重视培养学生的能力素质，重视学生的全面发展。因此，我们应该重视STEM教育的研究，以促进中国创新人才的培养。

2. 核心概念

(1) 科学。

达尔文曾给科学下过一个定义："科学就是整理事实，从中发现规律，得出结论"。达尔文对于科学的定义有两个关键词——事实和规律，这就是科学的本质和内涵。科学不是毫无根据的空想，科学需要实践检验，人们要勇于涉足未知领域，善于发现不了解的事实，秉着实事求是的原则，依据事实，进行深入的探索与证伪。规律则是指客观事物的内在本质之间不可避免的联系。近代科学是在理性、客观的前提下，用知识（理论）与实验充分证明出的真理。因此，本文对于科学的定义是：科学是一种基于实践、经过严谨验证和检验的知识体系——关于客观世界的各种事物的运动规律以及本质特点。

(2) 技术。

在古代由于生产力低下，人们对于技术的理解相对狭隘，通常将其定义为人们在日常生活中不断积累的技能和技法，而且主要指个人的技术和技能。可是随着第一次工业革命的开始和科学的发展，社会对于生产力的需求剧增，各种技术应运而生，技术的含义开始逐渐丰富，到第三次工业革命时，人们对于技术的认识已经达到了一个新高度，计算机技术、激光技术、核技术、原子能技术等不断发展，如今人工智能技术已经出现。随着社会的不断前进，技术的内涵也在不断地发展。当代人们对于技术的认识是：在发展过程中，为了满足自身和社会的需要，人类在利用自然和改造自然过程中所应用到的总的技能、方法、经验。本文采用2017年新发布的《义务教育小学科学课程标准》对于技术的定义，即：技术是核心的发明，是对自然地利用与改造，是物化的工具。

(3) 工程。

工程一词源于欧洲，原是指用在军事上的各种劳动，后其内涵不断丰富，现代普遍认为工程的定义是：根据小组的设想目标，运用相关的科学知识和技术手段，通过有组织的活动，将某个（或某些）现有实体（自然的或人造的）转化为具有预期使用价值的人造产品的过程。工程学以数学和科学作为支架，利用这种支架，可以通过各种技术手段将自然的材料和能量属性进行转化，以最少的人力和最短的时间达到人们的预设目标，制造出对人类来说高效、可靠和有用的东西。本文采用的是2017年《义务教育小学科学课程标准》对于工程的定义，即：工程是利用科学和技术来设计，解决实际问题并制造产品的活动。

(4) 数学。

数学是研究事物数量与形态的一门基础科学，是我们学习、生活、科研都必不可少的一项基本工具，很多学科的发展都依赖数学，例如物理学、计算机学等，它无处不在，无处不有。研究表明在公元前就诞生了数学，但那时的数学比较简单，主要是统计数量，源于人类早期的日常生活劳作，例如古代的绳结法。随着数学的发展，逐渐出现代数和几何等，数学的应用越来越广泛，逐渐被应用到工程、设计、科学等其他领域当中。在人类发展的漫长历史中，数学起着不可替代的作用，是推动现代科学技术不断发展进步的重要科学工具。本文对于数学的定义是：研究数量、结构与空间的一门科学。

(5)STEM项目化学习。

STEM项目化学习(STEM Project-Based Learning)，有的翻译为"基于项目的STEM教育"，是在项目化学习模式中融入STEM教育的理念。STEM教育与项目化学习的教学模式具有较强的实用性和支持性，二者在跨学科、体验性、情境性等方面有较高的相容性。STEM项目化学习是在项目化学习教学活动中融入STEM教育理念的教学过程，其特点为情境性、跨学科性、实践性、体验性、协作性。STEM项目化学习以真实情境中的项目为出发点，整合多种学习途径和学科知识，倡导在教学中体现学生的个性化，发展学生的创造力、思维能力和解决问题的能力。选择具有一定的跨学科知识的项目主题，设计一系列的推动性问题，适当地为学生提供指导帮助，引导学生自主合作，探究、优化设计实施方案，制作作品，展示项目成果并进行分享交流。

STEM项目化学习具有明确的结果，模糊的任务的特点。明确的结果指在开展项目活动前，选定的项目主题有明确的教学目标，根据教学目标而设计教学活动。模糊的任务指在项目活动探究过程中，学生自己动手验证已得概念，自己动手实践探究优化方案制作作品，这要求学生具有高阶思维、问题解决能力等。模糊任务并不是缺乏设计，而是教师设计的任务有多种解决方案，能达到同一教学目标。

综上所述，本研究认为STEM项目化学习是指在真实的情境问题中，借助多种教学资源，通过小组合作，综合应用跨学科知识进行活动探究，优化设计方案，制作作品，展示评价，提高学生STEM素养的教学模式。

3. STEM 教育特点

(1) 跨学科性。

跨学科性是 STEM 教育最重要和最明显的特征。我们目前处于信息时代，对于教育的冲击促使我们加快对教育的改革，同时，经济的快速发展与国际竞争对未来人才结构提出了新的要求。虽然中国是一个人口众多的国家，但是人才无法满足市场的需求，人才配置也需要调整。未来社会更加需要具有创新能力、合作能力、批判思维，能够解决实际问题的综合型人才，STEM 教育最明显的特征就是跨学科性，因此在这个时代下开展 STEM 教育尤为重要及必要。STEM 教育不再关注特定学科或过分关注学科的界限，而是关注具体问题。STEM 教育打破学科之间的界限，通过学科整合，把学科知识糅合在问题情境、项目活动中，以项目形式解决真实世界中的问题，学生围绕一个具体问题，运用科学、技术、数学等相关学科知识，打破惯性思维，自主探究完成任务。

(2) 情境性。

知识不能独立于情境而存在，否则将毫无实际意义。STEM 项目化学习是围绕着真实的问题情境展开的，学生不仅可以通过解决问题获得问题背后蕴含的知识，也可以获得社会性成长，提高能力。知识也不是孤立于书本存在的，而是被融合在项目活动中，学生通过做项目不仅掌握了知识，还提高了自身的能力。STEM 教育强调学生动手动脑的结合，通过动手实践不仅能获得结果性知识，也可以收获学术技能，如动手能力、观察能力、收集信息能力等。STEM 教育尤其倾向于运用项目化学习教学。项目化学习的核心组成部分就是将学科知识、核心概念融入以问题为导向的项目活动中。STEM 教育的理论基础之一是建构主义，建构主义学习观强调情境性、主动建构性以及社会互动性，认为在教学过程中，应该创建与主题相关的最真实的场景，并且应该在真实场景中呈现知识，以激发学生的认知需要。

(3) 合作性。

STEM学习通常通过小组合作来进行，这有利于团队成员之间思维的碰撞以及师生之间的相互交流沟通。小组合作学习打破了传统课堂教学体系的弊端，有利于充分发挥学生的主体性，提高学生学习的自主性。STEM项目活动小组合作的形式，弥补了传统教学中学习割裂的缺陷，能促进学生对于知识的整体把握，理解不同学科知识之间的相互联系。这种合作学习一方面突出了学生在学习中的主体地位，有助于提高教学效果，激发学生的创造力；另一方面有助于教师更加便捷地了解学生的学习情况，学生及时地了解他人的观点，全面思考自己观点，对知识有更深层次的把握与理解，同时还有利于培养学生的语言表达能力和团队合作精神。

4.3 STEM 项目化学习模式构建

(1) STEM 项目化学习活动目标。

活动目标是整个教学模式的核心及导向，既是一切教学活动的出发点，又是教学活动的归宿。想要使 STEM 项目化学习具有明确的结果，就要有明确的教学目标，只有对学生完成学习活动后应达到的效果做出明确的界定和说明，教学才有了前进的方向和目的，教学任务的完成与否也有了测量和评价的标准。STEM 项目化学习活动的根本目标是提高学生的 STEM 素养，强调学生在真实的问题情境中，通过思考、设计、观察、制作等活动获得知识、能力及丰富的学习体验，从而解决现实问题。表 4-1 从三个维度制定了 STEM 项目化学习活动目标：

表 4-1　STEM 项目化学习活动目标

目标维度	具体目标描述
STEM 知识	1. 掌握活动中涉及的基本概念、原理等科学知识。
	2. 在活动中了解一定的技术手段和工具，熟悉其原理、使用方法。
	3. 在活动中了解浅显的相关工程及工程设计领域的知识。
	4. 在活动中掌握一定的数学计算知识、测量知识及统计知识。
STEM 能力	1. 根据真实的情境整合信息，识别出其中需要解决的核心问题。
	2. 在项目实施过程中，根据异常实验现象，发现存在的问题。
	3. 根据活动中存在的问题，提出解决问题的方案并验证。
	4. 在活动中，优化项目方案，动手操作，在实践中完成项目。
	5. 在活动中，充分利用多方面资源，自主学习项目活动相关内容。
	6. 在活动中，小组合作，交流讨论，成果共享，共同完成项目活动。
	7. 根据已有知识经验，大胆想象、头脑风暴，提出创新性的方案。
	8. 在小组交流讨论、展示评价中，表达自己观点，介绍自己作品。

续表

目标维度	具体目标描述
STEM 态度	1. 体验 STEM 项目化学习活动过程的艰辛与成功制作作品的喜悦。
	2. 在实践活动中，认识 STEM 教育对个人及社会的影响。
	3. 以后的学习活动中，自主运用 STEM 项目化学习的模式进行学习。

4.4 STEM 项目化学习主题确定依据

1. 课程标准

编写教材、教学评价、考试命题的主要依据是课程标准，课程标准对教师开展相应的教学活动具有重要的指导意义。新课程标准（2017）指出，教学要促进学生核心素养的发展，核心素养是在教学活动中，学生知识、能力、态度、价值观等多方面的综合表现，STEM 项目化学习活动是教学活动的重要内容之一，为教学服务，因此，课程标准是确定项目主题的重要依据之一。应在新课程标准的指导下，选择符合教学的项目主题。

2. 教学内容

教学内容，不仅仅指教材中的内容，还包括教学过程中，同教师与学生发生交互作用、服务于教学动态生成的素材及信息，因此，项目主题除了根据教材内容设计，还可以来自当前社会性议题、工业生产问题或身边需要解决的问题，这些都属于教学内容。项目主题与学生学习内容、生活实际相结合，让学生运用所学知识解决实际问题，感受知识的价值，同时激发学生的学习兴趣。

3. 学生的已有知识、经验

建构主义理论认为，学生的知识，是在已有的知识、经验上经过同化、顺应而获得的，因此，选择项目主题时，教师要充分考虑学生已有的知识、经验，选择难度适中的项目主题，让学生运用已有知识、生活经验探索新知，达到"跳一跳，摘个桃"的教学效果，激发学生学习的欲望。

4.5 STEM 项目化学习活动设计原则

1. 以真实问题情境为桥梁

真实问题情境，不但能够激发学生的情感变化、认知活动、实践活动，还可以为学生提供丰富的学习素材与信息；学生亲自体验问题情境，在情境中积极思考，主动探究问题、解决问题，完成知识的有意义建构，获得持久的情感体验。

2. 以跨学科知识为载体

目前，我国的教学实践中，各学科知识的并不是单一的、孤立的，而是彼此纵横交错；在现实生活中的问题，也不是依靠单一学科知识就能够解决的，而是需要各学科知识的有机结合。在 STEM 项目化学习活动中，以跨学科知识为载体，促进学生跨学科思维形成，顺利解决复杂情境下的真实问题。

3. 以合作学习为方式

STEM 项目化学习是以小组合作的方式进行的，在小组活动中，各组员互相交流讨论，形成共识，同时也是学生互相帮助、沟通情感的过程，这不仅能促进学生的认知发展，也能提高学生非认知品质。小组合作学习时，不同的学生之间碰撞出创新思维的火花，提高学习效率，同时可以培养学生的自我监控能力。通过小组合作学习，真正做到以学生为中心，最大程度开发学生的潜力。

4. 以提高 STEM 素养为目标

新课程标准中，提出了核心素养的教学目标，促使学生形成适合终生发展的必备品格和关键能力，STEM 项目化学习的素养目标与核心素养目标相一致。STEM 项目化学习实践活动的最终目的，不仅是获得 STEM 知识，更重要的是在知识获取过程中，形成 STEM 能力及 STEM 情感，这种体验性的知识、能力、情感会持续地影响学生的终生发展。

4.6 STEM 教育案例设计

STEM 教育的使命是以融合理念、项目化学习等改进中小学科学课程的实施，促进学生科学思维的发展，提高学生学习并运用科学的能力。STEM 教育的基础是科学教育，其直观反映在科学课堂教学的改革中，其课堂形态的一大特点是基于问题或者项目的学习。

STEM 课程往往同科技小制作相结合，也可以被视为旨在问题解决的项目化学习。随着信息时代的发展，人们从形成创意到实现创意的周期大大缩短，利用现代化的信息技术与制造技术实现"创作与造物"的过程成为学校教育的一种重要实践。在这种新兴的创客学习中，学生基于兴趣，以项目化学习的方式，面对真实任务与问题，使用现代化工具整合科学、技术、工程、数学等领域的专业知识，进行创意制造实践（Making Things Innovative），并开展分享。这是培养学生综合能力、跨学科解决问题能力、团队协作能力和创新能力的重要途径。

STEM教育不是科学、技术、工程和数学教育的简单组合，而是要打破学科之间的界限，利用学科整合思想，将四门或多门学科融入项目活动中，以更好地培养学生的独立思考能力、搜集信息能力、合作交流能力以及动手实践和综合解决问题的能力。学生解决问题的过程就是潜移默化地获取知识的过程；学生通过小组合作搜集信息、设计、操作以解决问题的过程就是学生能力提升的过程，这也正契合了杜威提出的"做中学"理论。因此，基于STEM理念并结合我的实习学校的资源情况，设计了如下的STEM教学案例《隔音盒的设计与制作》，并对其进行了相应的实施与评价。

1. 教学分析

无论是传统教学还是基于项目的STEM教学，在设计教学活动之前都必须进行教学分析，这是后期工作有效开展的基础与前提。设计STEM教学时应注意以下几点：

- 教学目标确定
- 学生分析
- 教学环境分析
- 确定跨学科概念图

明确的目标是整个教学活动的指导方向，只有确定了目标才能合理地进行教学活动的设计与安排，因此在教学分析阶段首先要确定学习目标和核心概念。学生不是空着脑袋进课堂的，所以在设计过程必须首先考虑学生原有的知识结构，分析学生的最邻近发展区和阶段特征，以确保项目设计适合学生的认知水平。基于项目的STEM活动往往需要学生做出"手工作品"，或者常常和现代技术相结合，例如3D打印，Scratch等。学校的教学资源和硬件设施情况会影响基于项目的STEM活动，教学者应依据学校的教学环境，开发适合当前教学环境的STEM教学活动。在活动开发时应充分考虑学生可能用到的工具在当前的教学环境中是否可以获取。跨学科概念图是整个项目活动的浓缩与精华，需要对整个活动进行深层次分析，确定蕴含于活动中的知识，确定学科知识之间的联系以及所属科目类别。跨学科概念图清晰明了，在设计教学活动时可以确保学术知识均匀地体现于项目活动中。

2. 活动设计

表 4.2 5E 模型

5E 步骤	设计过程步骤
约定	识别问题和限制因素
探索	调查研究，设想和分析观点
解释	调查研究，设想和分析观点
延伸	构建和沟通
评估	测试、优化和反思

5E模型（见表4.2）是一种STEM教育广泛使用的教学模式，它提供了按照结构顺序排列的学习步骤，即约定（Engagement）、探索（Exploration）、解释（Explanation）、延伸（Extension）、评估（Evaluation）五步骤。5E教学模式是依据建构主义理论开发的，在科学教育领域很受欢迎。

"约定"就是在向学生介绍项目活动之前，教师必须抓住他们的兴趣点，设计一个与探索问题相关的真实问题情境。在现在的课堂上，视频短片、角色扮演、实地考察都是让学生投入项目的有效方法。"探索"和"解释"环节即设计环节，让学生基于已知的内容，结合课堂讨论进行头脑风暴，这是项目开始的好方法。教师要善于鼓励学生发挥创造性思维，提出开放式问题引导学生思考。"延伸"是学生自主开展活动的环节。教师在整个活动中是指导者、设计者、引导者，要给予学生充分的自主性，培养学生自我沟通以及与他人沟通交流的能力。"评估"是学生基于测试的结果优化设计方案，同时教师要启发学生自觉概括，促进知识系统化。该过程需要学生根据问题标准和目标分析结果，在比较自己的预期结果和实际测试结果时，学生应该对自己的设计的长处和缺陷进行批判性思考。"评估"是整个过程中最关键的部分，有利于整个过程的升华，防止知识碎片化。

3. 教学评价

STEM教育评价重点由终结性评价转为形成性评价，由传统仅由分数决定学生成败转向对活动过程以及人际交往给予更多的关注。当关注的重点是形成性过程时：

①不仅要对活动最终的作品进行评价，还要对整个教学过程和学习

过程进行评价；

②传统的评价方式过于注重终结性评价，对学生的表现基本采用量化的方式。STEM教育评价要减小终结性评价和量化评价对于学生的影响，让学生全面客观地看待自己的表现，看到自己积极的一面；

③通过评价让学生对自己的过程表现以及收获有客观清晰的认识。

4. 案例《隔音盒的设计与创作》

(1) 课程内容介绍。

【问题来源】

伴随着社会发展，环境问题日益受到政府的重视，国家的经济实力虽然提升了，但是也产生了诸多环境问题，例如雾霾、水污染、光污染、噪声污染，影响着人们的正常生活和人民身心健康。在传统观念中，空气或者水资源是人们赖以生存的基础，所以对于水污染或空气污染的讨论度和关注度比较高，却往往忽略了噪声污染。噪声污染近年来也成为世界范围内的一个环境问题，越来越多的年轻人面临着听力受损的问题，人们对于噪声污染的关注度也在逐步提升。噪音对人的危害无法立马表现出来，人们容易忽视，所以很多人把噪声污染称为"隐形杀手"。从环保的视角来看，只要是对人们接受的声音产生干扰的音源，影响人类正常学习、工作和生活的声音，都可以称为噪音。从这个意义上说，噪声的来源是非常多的，例如，很多年轻人喜欢的耳机里的声音、教室外面的施工的声音、学校外面汽车鸣笛声、自习室里较大的喧哗声等。

噪声危害人体健康是众所周知的。长期工作在噪音强烈的环境中，不仅影响工作效率，还影响身心健康，容易造成听力受损，严重者甚至会耳聋。噪音不仅会影响听力系统，还会影响身体的其他系统，例如肠胃系统，可能引起食欲不振，甚至会影响大脑系统，造成大脑反应迟钝、失眠等。如果长期处于噪音环境中，会神经紧张，甚至会致死。可是，很多人意识不到噪声污染的危害性，总以为在夸大其词，因而将噪音的管理置于次要地位。笔者希望通过《隔音盒的设计与制作》STEM 项目活动提高学生对于噪音的重视，并使他们了解降噪方法。中学生处于青春发育阶段，个性张扬，通过自己动手设计制作，可以充分培养他们的个性。

近两年迷你唱歌房在各个城市流行起来，受到很多年轻人的追捧。迷你唱歌房的特点是人在里面大声嘶吼，可是外面的人却听不到。中学生对新鲜事物抱有极大的好奇心，利用这一点可以充分激发学生的探究欲，让学生明白科学源于生活。

【学情分析】

本次活动的对象是中学生，这个阶段的学生已经开始发展抽象思维，思维活跃，好奇心强，求知欲高，有较强的上进心和探索知识的愿望。因此教师要给学生创设教学情境，吸引学生的注意力，激发学生的学习兴趣和探究欲。在知识经验方面，本阶段的学生已经学习过声音的产生与传播、声音的特性等相关知识，对于噪音的危害与控制也有一定的感性认识，但是他们还不能从物理角度准确合理地阐述噪音的危害与控制方法。因此，本次活动的重点就是学习"在声音传播途中降噪的方法"，通过"隔音盒的设计与制作"科教活动让学生真切深刻地体会到如何控制声音的传播。

【设计理念】

《义务教育初中科学课程标准》课程内容第五部分"科学、技术、社会、环境"中的主题4"当代重要课题"中提出：学生在学习科学的整个过程当中，应联系生活实际，了解一些重大的当代课题，例如人口、资源、环境和发展问题。主题3中提出，为了给21世纪提供技术创新型的人才支撑，必须从义务教育阶段开始培养学生的技术设计能力。

新一轮课程改革反对传统教学中过于注重知识的授受，忽视学生的全面发展，主张让学生主动探究知识。学生解决问题的过程就是潜移默化地获取知识的过程；学生通过小组合作搜集信息、设计、操作等解决问题的过程就是学生能力提升的过程。教学活动中要以学生为主体，教师要给学生创设教学情境，提高学生的注意力，激发学生的学习兴趣和探究欲望，帮助学生进行意义建构。通过学生的主动参与，主动思索，主动探究，学生会更加深入地理解知识。把知识与实际生活情境相联系，有助于学生对知识进行深层次的理解，提高实际运用知识的能力、动手操作技能。传统教学中教师偏向于枯燥的讲解，造成学生对于学习失去兴趣，有的甚至产生厌学的心理，学生对于知识的理解也只是浅层次的，不利于知识的融会贯通与实际应用。STEM项目活动以学生为主体，把学生置于核心位置，教师在整个过程中充当帮助者和合作者的角色，对于学生的实时表现予以恰当的指导与尊重，有利于培养学生对于知识的深层次理解，理解不同学科之间的联系，提高学生的综合素质。基于STEM理念的"隔音盒的设计与制作"科教活动，不但使学生学习掌握了科学知识（降噪的方法），还培养了学生的各科素养，提高了他们收集信息的能力、全面分析问题的能力、针对问题进行创新设计的能力、解决问题的能力和实践技能。

第四章 项目化学习实施中的关键问题

【《隔音盒的设计与制作》跨学科概念图】如图 4.1：

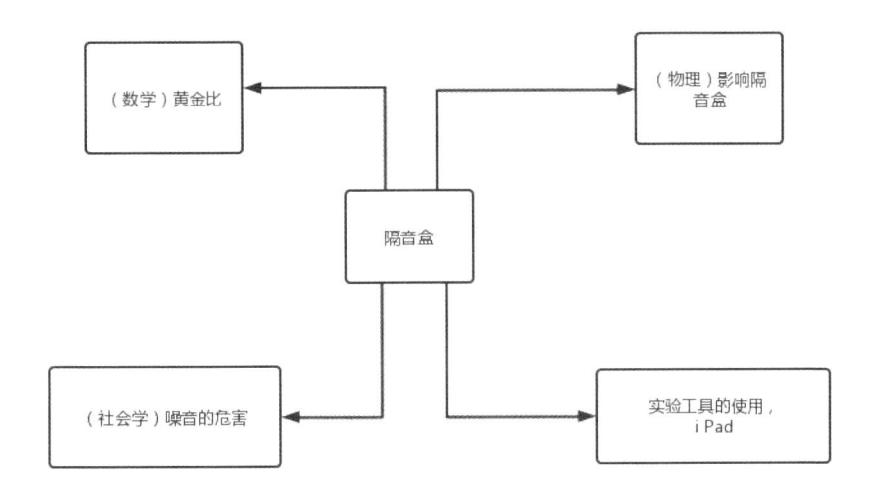

图 4.1 跨学科概念图

【案例中的"S""T""E""M"】

S—科学性问题：减弱声音传播效果的方法；

T&E—技术与工程：绘制设计图纸，利用相关工具与材料制作隔音盒；

M—数学：根据相关设计，计算相关参数。

(2) 课程学习目标。

科学知识目标：了解在声音传播途中降噪的有效方法。

科学探究目标：学生能够熟练使用实验工具；能够根据方案的不断调整，交流讨论，得出最佳的方案，制造出满意的隔音盒。

科学态度目标：学生在活动中能够积极与同伴交流，勇于与教师沟通，培养学生的能动性与团队合作能力。在产品的设计制作过程中，激

- 109 -

发学生实践创新意识，培养学生的科学素养、技术素养、工程素养。让学生明白科学来自生活，回归于生活。

科学、技术、社会与环境目标：学生可以提高环保意识，认识到噪声污染对人们的危害，在现实生活中注重保护自己的听力。在制作中注意节约用材。

(3) 教学过程。

■ 课题：科普《噪声的危害与控制》（1课时）

■ 情景引入（5分钟）

播放三种不同的声音，军训声，音乐声，电锯声，随后请听众回答感受。

声音容易影响人们的心情，当我们听到美妙的声音，就会感到舒适；当我们听到刺耳的声音，就会感到心情烦躁，容易分散注意力。噪声污染不断侵蚀着人们的健康，被列为危害人类健康的"隐形杀手"。教师列出一个噪音危害的真实例子，解释隔音的必要性。

什么是噪声？从环境保护的视角来看，只要是对人们要接受的声音产生干扰的以及影响人们正常学习、工作和生活的声音，都可以被称为噪音。

①不同环境下声音的强弱不同。阅读科普材料了解不同环境下噪音的强度以及危害。人刚能听到的最微弱的声音强度是0dB；较为理想的安静环境的声音强度为30～40dB；干扰谈话、影响工作效率的声音强度为70dB；听力会受到严重影响的声音强度为90dB以上；能引起双耳失去听力的声音强度为150dB。

②为了保护听力，声音强度不能超过90dB；为了保证工作和学习，声音强度不能超过70dB；为了保证休息和睡眠，声音强度不能超过50dB。

第四章　项目化学习实施中的关键问题

■ **确定项目目标【活动1】**（小组为单位）

学生合唱班歌，老师在教室外面测试声音强度。测得的声音强度大于70dB，超过70dB就影响学生的学习生活。那么如何可以减小噪声的传播呢？

（展示图片）

同学们有没有见过迷你唱歌房？它是什么样子的？

有谁使用过？

你有没有站在外面观察过它，你能听到里面的声音吗？

它是怎么做到隔音？

有没有观察过它采用的是什么材料？

如果让你设计一个隔音效果良好的迷你唱歌房模型（隔音盒）你会怎么做？

你认为影响隔音盒效果的因素有哪些？

组织学生进行"头脑风暴"，在此期间，教师留意观察每个小组的讨论情况。

可以分为两种材料：一种是密度大、坚硬、光滑的隔音材料；一种是多孔、柔软的、粗糙的吸音材料。

原因：声音和光一样都以波的形式传播，所以声音像光似的会发生反射现象和折射现象。光在碰到多孔、松软的障碍物时会发生吸收现象，在遇到光滑、坚实的物体时会发生反射现象。声音的反射与吸收同样影响着声音向外传播的强度。

(4) 绘制设计图【活动2】（小组为单位）（1课时）

学生在表上绘制出设计图，教师提出如下设计要求：

①先在稿纸上画出草图，再用直尺在申请表上画出规范设计图。

②同学们要根据创意画出设计图（含注释）

盒子的长度是多少？（20~25cm）

盒子的宽度是多少？（13~18cm）

盒子的高度是多少？（13~18cm）

用什么材料？用几种材料？

材料的厚度是多少？（5mm~2cm）

隔音盒的结构？

隔音盒的层数？（≤3层）用最少的层数达到最好的隔音效果。

①必须保证创意的可行性。

②必须保证按照设计图可以制作出实物。

③保证隔音盒的美观。

④可提供材料：木材，泡沫，玻璃。同学也可根据创意自行搜查周围可循环利用的材料。

每个小组推荐一位同学进行汇报，并解释为什么这样设计。

(5) 隔音盒制作【活动3】（1课时）

制作之前教师提出如下制作要求：

①每组在课上做出至少一个隔音盒来进行测试。

②《隔音盒的设计与制作》是小组合作项目，因此制作隔音盒的时候小组成员要相互帮助，共同完成，不可袖手旁观。

③一定注意安全，小心使用实验工具。

④不可任意浪费老师所提供的实验材料。

⑤不可组间随意走动。

教师总结评价学生上节课设计的方案，提供6套可供选择的材料，5mm的木材，10mm的木材，15mm的木材，5mm泡沫，10mm泡沫，15mm泡沫。即在学生制作之前说明制作要求与注意事项。学生共分为6组，每组选择一套材料进行实验探究。教师要时刻关注学生的设计，及时给予指导。

(6) 测试比较，分析评价【活动4】（1课时）

课前说明测试方法与要求。用分贝仪测试不同隔音盒的隔音效果，记录数据。比较每个小组的差异性，得出在声音传播过程中影响隔音效果的因素。评判出优胜团队，给予"环保小卫士"称号。拓展生活中隔音罩的应用。感兴趣的学生可以自己DIY一个破壁机隔音罩，或者2平方米的隔音室。

通过调查发现，大部分学生是不认识隔音盒的，但是大多数学生都能通过字面意思推测出隔音盒的功能。通过学生绘制的设计图可以看出，大部分的学生从厚度以及材料两方面入手设计隔音盒以增加隔音盒的隔音效果，极少数的学生会想到用水或者是在夹层中加入化学物质，尽管这种想法在现实中难以实现，但是这恰恰说明了学生思维很开放，很活跃，不拘泥于传统的方式，想法很大胆。参与调查的学生已经学过真空不能传声的知识，所以有的学生会把隔音盒设计成真空的结构。其次，学生会对隔音盒的外观进行设计，大部分学生会将其设计成长方体，部分学生设计成其他棱柱，还有部分学生尤其是女生会设计成卡通等外形。最后，通过对学生设计图的整体观察，发现有一部分学生不会画设计图。通过询问发现他们头脑中是有想法的，但是不知怎么用图的形式表达出来。总的来说，通过调查发现，本案例符合学生的认知发展水平，学生对于隔音盒也有浓厚的探索兴趣，本案例有极大可行性。

4.7 跨学科教育与多学科有效融合

STEM 教育已成为世界各国教育改革与研究的热点，越来越多的国家加入 STEM 教育的开发与实践的行列中。我国在全面推进素质教育的进程中一直注重培养学生的实践能力和创新精神，尊重学生的主体精神和主动性，培养未来社会需要的综合型人才。我国近几年越来越重视对 STEM 的研究，相继发布了《2017 年中国 STEM 教育白皮书》和《中国 STEM 教育 2029 创新行动计划》，这些举措势必将推动我国 STEM 教育的发展。

我国关于 STEM 教育的理论研究很多，但是在案例开发与实施层面还处于摸索阶段，关于 STEM 的案例基本是围绕机器人、3D 打印等，较少结合我国的原始教科书内容开展相关活动。

STEM 教育作为一种跨学科教育形态，强调多学科的有效融合。它将多学科的知识运用到解决真实问题情景中，让学生把零散的知识变成一个相互联系的整体，这有助于开发学生的创造思维和发散思维，培养学生的创造力和综合解决问题的能力。

在 STEM 课程设计与实践方面，笔者总结出以下几点，希望可以给一线教师在 STEM 课程设计与实践方面提供一些借鉴。

（1）要做好教学分析，了解学生的学习准备状态，做好学情分析。

（2）要明确活动目标，确定跨学科概念图。

(3) 要真正地做到以学生为中心，由传统的课堂的主人转变为学生的合作者，在设计环节时可以运用 5E 模型。

(4) 要创设真实的、与学生生活实际相联系的问题情境，有利于吸引学生的学习兴趣，激发学生的好奇心、求知欲，学习更加积极主动。

(5) 要恰当设置驱动型问题。

(6) 要开拓视野，创新 STEM 活动案例。笔者发现大部分教师对于 STEM 教育的认识比较狭窄，我国中小学 STEM 教育几乎都围绕着机器人、3D 打印开展。随着信息技术、计算机技术等在教育领域的创新应用，不可否认 STEM 教育应多与现代科技相结合，但是只围绕着机器人等开展，容易导致 STEM 教育活动的发展受到限制，活动内容不够丰富新颖。

(7) 应以小组为单位进行 STEM 教育活动，这有利于培养学生的合作交流、团结协作的精神。在分组时注意人数不要过多，注意"组间同质，组内异质"。

(8) 在实施环节教师不要当"甩手掌柜"，教师和学生是合作伙伴关系。尽管 STEM 是以学生为中心，但是教师在整个活动过程中也起着重要的作用。教师要注意观察每组的活动进展，并给予适当的指导。

(9) 要尊重学生的每一个想法。教师要创造宽松自由的教学氛围，充分激发学生的创造力，并尊重学生的每一个想法，努力做到赏识教育。

(10) 教学评价应采用形成性评价与终结性评价相结合的方式。

第五章 通过项目化学习培养学生的创造力

5.1 创造力

在 21 世纪，社会的飞速发展对人类的创新能力提出了更高的要求，人们对创新更加重视，创造力方面的研究也不断深入。创造力是一个多维度、多层次的概念。从领域角度划分，可以分为科学创造力与艺术创造力。从成果角度划分，可以分为重大创造力与日常生活创造力。从性质角度划分，可以分为有益创造力与恶意创造力。Welsch 在综合了前人关于创造力的研究之后提出，给创造力下一个明确、统一且能得到学术界一致认可的定义是非常困难的。Simonton 指出，研究者使用不同的研究方法对创造力进行评估和测量，缺乏统一的标准，这使得定义创造力变得困难。尽管心理学家在创造力的定义方面存在很多分歧，但大多数研究者同意两种观点：创造力的过程观和产品观。一是认为创造力是一种心理过程；二是认为创造力是一种产品。认知心理学家从加工过程的角度定义创造力，将其分为四个连续阶段：准备期，酝酿期，灵感期和验证期。准备期的主要活动是明确阐释问题，并初步尝试解决问题。这个阶段包括对知识技能的积累和对信息的采集、对创造力问题本身的详细分析，以及初步的问题解决，是考验意志品质的阶段。在这一阶段，个体可能在问题解决的过程中遇到瓶颈，陷入思维僵局而无法突破定式，即使在问题空间中进行了全面搜索，尝试过所有可能的方式方法，仍然无法找到答案。在酝酿期，问题解决者会暂时将问题搁置一旁，去做其他事情，而问题的突破性进展往往出现在问题被搁置之后。关于酝酿期效应有以下几种解释。一是疲劳消除说，即酝酿期中断了烦琐的工作任务，使身体与脑的机能得到复苏。二是功能固着阻碍了问题的解决，而在酝酿期，先前的功能固着被解除。三是无意识加工理论，也就是说个体在从事其他活动时仍对问题进行着无意识加工，而无意识加工对创造力有重要的促进作用。灵感期也称顿悟期，此时能够正确解决问题的答案突然闪现在脑海中，如同原本黑暗的屋子里出现一道光亮，通常伴随着愉快、激动的情绪体验。在验证期，个体对灵感期获得的答案进行细节正确性验证，证明创造性产品的合理性。这一阶段可能较为短暂，也可能需要长时间的研究与检验。也有研究者将创造力分为观点生成阶段与观点采择（输出）阶段。在观点生成阶段，个体产生多种解决问题的方法；在观点采择阶段，个体选择那些新颖且适合当前任务情景的方法加以输出，这一阶段主要涉及自上而下的认知加工。而实验心理学家则把创造力定义为一种新颖且有实用价值的产品，以创造力成就来衡量个体的创造力。

综合两种观点，Sternberg 和 Lubart 将创造力定义为在特定环境下，个体提出或产生具有新颖性（即独特的，与众不同的）和价值性（即实用的、符合社会需求的）的产品的能力。尽管新颖性和价值性作为评判创造力高低的主要标准，已得到多数研究者的认同，但不同的研究者对价值性的理解和侧重点不尽相同，有的认为创造力产品是否有价值是由个体的主观感受决定的，有的则强调创造力产品对社会的贡献。例如，林崇德提出，创造力是个体运用已有的知识经验，在一定目标的引导下，产生与众不同并且符合社会需要或个人需求的智力成果的能力。也就是说，只要该成果对个体而言是有意义、有价值的，即使它不被社会接纳，也可以说它是有创造力的。黄希庭则认为，只有与众不同，遵循客观规律，并且具有社会价值的产品才是有创造力的。若某种独特新颖的产品违背了社会客观规律并且没有社会价值，则不能称这种产品有创造力。到目前为止，研究者对创造力已有了比较统一的认识，即创造力是产生被社会文化所接受的，新颖且有实用价值的产品的能力。

1. 建构主义学习理论

建构主义学习理论隶属认知心理学派，其关键思想是以学生为中心。在学习观层面上，可以将学习理解成学生自发探究和理解知识，并主动对所学知识意义建构的过程。在教学观层面上，教学不能一味强硬地给学生"填灌"外部的信息，也不应该忽略个体已有的知识结构体系，而是要把学生已有的知识结构体系当作种子，进行播种，使其生根、发芽、生长，引导学生主动改进、重组旧的知识结构体系，建构生成新的知识结构体系。教学不是为了将知识和内容传递给学习者，而是为了将知识进行处理和转换。学习不是简单、被动地吸收外部刺激信息的影响，而是根据自己的知识经验对外部刺激信息进行主动筛选、加工处理和转化，建构生成自己的知识经验结构。个体间的原有知识经验不同，调动的知识经验具有差异，因而对接收到的同一信息会有不同的理解与解释。这就需要师生之间、生生之间共同针对接收同一信息的建构意义进行探索，并在探索过程中提出质疑与交流。

2. 体验式学习理论

体验式的学习是一种以学习者为中心、参与并切身感受的学习方式。大卫·库伯（David A. Kolb）教授的体验式学习模式（体验式学习圈理论）标志着体验式学习理论得到完好归整。库伯教授在其编著的书中把体验学习看成一个不断循环往复的体验过程，即学习者在学习的过程中要置身于具体的学习体验中，又要观察和反思学习的体验并对其进行抽象概括形成假设，再针对假设开展实践检验，最后又回归到具体的学习体验中。他认为学习不是单纯地获取和理解知识并将其进行传授，而是需要我们将学习的经验进行替代、转换并创造知识的循环往复的过程，是在学习体验中不断修正并获得观念的连续动态过程，是一个螺旋上升的过程。学习者的学习过程充满了慌张、焦虑、矛盾与冲突，他们会不断克服慌张、焦虑的情绪，解决矛盾与冲突。学习者的每次体验都是一次新的开始和突破，每一次突破都是新的体验与开始。

3. 创客教育理论

杨现民等提出，"做中学、快乐教育、大成智慧、构造论是创客教育背后的核心理念。"杜威提出的"做中学"思想，国际上称为"探究式科学教育""探究式学习""研究性学习"等，其核心价值是"探究式""研究性"学习。赫伯特·斯宾塞在其著作中阐述了快乐教育的原则方法。快乐教育从实质意义上来说，是教育工作者倾尽一切办法让受教育者能够自觉、自发、自愿地参与到学习过程中来，终极目的是要让受教育者在知识的获取中达到快乐学习的效果。祝智庭等认为创客教育秉持的理念是由多种趋向成熟的教育理念发展而来的。结合两位学者的观点，可以将创客教育理解成将已经发展成熟的教育理念中的一些元素融合在一起，其真正的目标是打破传统教学的固化思维，让学生解放双手，采取"手脑并用"的方式，选取合适的工具及材料，在项目式、体验式、探究式中达到做中学、快乐教育的效果，将未知事物变为已知事物，实现从0到1的突破。

4. 多元智能理论

加德纳（H. Gardner）博士在其著作中首先系统地提出了多元智能理论，又称为MI理论，并在后续的研究中对该理论加以发展和完善。加德纳认为智力是个体在特定的情境中体现出来的解决具体实际问题的能力，或者是创造出某个成品所必须掌握的能力。智能是复杂的，具有多样性特征。每个独立健全的个体身上起码有着七种最基础、最根本的智能。经过后续的不断研究和分析验证，在此七项智能的基础上增多了一项智能——认识自然的智能。传统意义上的智力观具有局限性，一般限制在言语理解、表达概述和数学思维以及逻辑的推理上。在此基础上设置的测验性考试也主要针对这几个方面的能力。这样的测验在某种程度上能够较好地预测出学习者在这几个方面的能力表现结果，但是很难预测出学习者今后的潜力和表现。多元智能理论不支持培养一个在各个方面都很优秀的人才，而是强调根据学习者的个性特征差异有针对性地培养其具有优势的智能，并为其量身定做最适宜的发展道路。

5.2 创造力的测量

多数情况下，人们对创造力的判断是相对主观的。有些标准是行业内的专家制定的，比如文学评论家、体育教练员、著名学者等；每个人的判断标准也不尽相同。心理学家需要以科学的标准来衡量创造力，这就涉及创造力的测量。

所谓创造力的测量，就是依据一定的创造力理论，使用统一、标准化的方法对创造力进行定量描述的过程。高尔顿的论文《对人类能力的探求》被认为创造力测量的起步，Guilford在美国心理学会上的演讲推动了创造力测量的进一步发展。针对创造力测验领域信度与效度较为低下的问题，研究者不断在测验方法上进行改良。目前应用广泛且认可度较高的几类测验有：发散思维测验，顿悟类测验以及创造力成就测验。

1. 发散思维测验

Guilford区分了两种思维类型：聚合思维和发散思维。聚合思维是人们根据已知信息，在已有知识经验的基础上寻找解决问题的方法。也就是按照直线方式到达特定目标，是一种有方向、有范围、有逻辑的思维方式。比如甲坐在乙左边，乙坐在丙左边，因此甲坐在丙左边。再比如因为A大于B，B大于C，因此A大于C。发散思维则要求人们从不同角度思考，重新组织信息，对一个问题生成尽可能多的新答案，且答案的正确性是相对主观的。比如让人们提出鼓励青少年参加公益活动的方法，或是增强市民的环保意识的途径，这时就需要用到发散思维。Guilford认为，发散思维是创造力的主要成分，因此他设计了发散思维测验（Divergent Thinking Test），用思维的流畅性、变通性和独特性来衡量创造力的高低。流畅性指单位时间内针对特定问题给出答案的数量；变通性指答案涉及的范围或维度；独特性指对问题能给出新颖的、不同寻常的答案。发散思维测验给被测试者呈现一些开放性问题，被测试者提供的答案越多越好，并且答案没有绝对的正误之分。发散思维测验的分类很多，比如非寻常用途任务测验（UUT），举例任务测验（尽可能多地列举出新颖物品）、结果任务测验（想象某种环境下有可能产生的不同寻常的结果），等等。发散思维测验可用于个体施测或团体施测，对不同年龄段的被测试者都适用，是目前应用最为广泛的创造力测验。

其中非寻常用途任务测验常在国内外研究中被用于探讨不同加工方式对创造力的影响。该测验的任务是让被测试者尽可能多地列举出某物品的用途以考查其发散思维能力。从流畅性和独创性这两个方面来评估被测试者创造力的高低。研究者对流畅性的计分较为统一，被测试者想出答案的个数就是得分。在独创性维度上，常用的计分方法有平均得分法和最优项法。平均得分法即求被测试者所有答案得分的平均数，以代表对被测试者创造力的整体评价。但是使用这种方法时，非常新颖的答案有可能受到平庸的答案的影响，以至于无法区分出能够产生新颖答案的个体。最优项法即让被测试者或评估者选出最有创造力的一个或几个答案，评估者只对被选出的答案进行评分，用最新颖答案的平均数代表被测试者的创造力。UUT测验具有良好的信度与效度。

但是，发散性思维只是创造性思维的一个方面。发散性思维测验的基本理论假设是：创造力水平高的人更善于从不同角度、不同方向思考并解决问题。因此，考查思维的变通能力，就能够评估并预测个体创造力。然而，该假设并没有明确涉及创造力思维的两个最重要的特质，也就是新颖性和适宜性。首先，个体能够对问题从多角度进行思考，不一定意味着其思维具有新颖性，可能仅仅意味着个体已有的经验较为丰富且适用于当前情景。同样，个体从多角度思考问题也不代表其思维具有适宜性，有些人能够想出很多不同角度的答案，但是都不适用于当前情景。理论层面的不足之处给创造力的实证研究带来了一些消极影响，使发散思维测验的客观性、预测效度等受到质疑。

2. 顿悟类测验

发散思维是受意识控制、解决界定清晰问题的思维过程。与之相反，创造力思维还有着通过无意识自动化加工，解决结构不良领域问题的能力。也就是在关于某任务的信息不够全面，解决问题的思路与方向都不够清晰的时候，个体借助一系列认知加工，产生顿悟体验。由顿悟产生答案，必然是独特新颖且能够解决当前任务的，即有创造力的。经典的顿悟类测验有九点问题、"脑筋急转弯"等，其中应用最广的是Mednick的远距离联想测验。

远距离联想测验是基于Mednick的远距离联想理论而提出的。该理论认为，创造力是对不同概念间的关系进行联想并重新整合的过程。个体发挥创造力的过程，就是把有用且不同寻常的独创想法互相连结的过程。在语义网络中，概念之间存在不同强度的联系，联系强度通过概念间连线的长度表示。事物之间存在两种形式的联结层次，即高联结层次（Steep Associative Hierarchy）和低联结层次（Flat Associative

Hierarchy）。Mednick认为创造性的大小取决于联结层次的高低。联结层次越高，事物之间的相关性越强，解决这类问题只需要很低的创造力，反之，联结层次越低，则事物之间的相关性越弱，解决这类问题所需的创造力越高。简言之即创造力表现为将相关性较低的事物以及远距离元素相联系的能力。此外，Mednick还认为，创造力高的个体有更强的想象、联想能力，可以把表面看起来没有关系的成分联系在一起，产生与问题解决相关的联结和组合。而创造力低的个体，这方面能力比较弱。远距离联想测验包括30组刺激，每组刺激包括3个的词语，要求被测试者想出一个与这3个词语都相关的新词。例如，给被测试者呈现3个词：dog，cat，panda。被测试者的任务是想出一个与以上3个词都有某种关系的新单词，比如"cute"。这种联系方式是多种多样的，语音相同或者语义类似皆可。在限定的时间内，受测者的得分是答对题目的个数总和。该测验副本信度高于0.8且有良好的结构效度。远距离联想测验的答案是唯一的，这一点与发散思维测验不同，远距离联想测验的侧重点是聚合性思维，即根据已知信息，在已有知识经验的基础上寻找解决问题的方法，按照直线方式到达特定目标。而不是从不同角度出发，尽可能多地想出解决问题的答案。该测验被广泛运用于创造力、联想、顿悟乃至记忆、精神病理学等研究领域，我国也有专门介绍远距离联想测验的文献，同时中文版远距离联想测验的修订工作也取得了一定成果。但远距离联想测验也存在一定局限性，比如，有些人潜意识里很富于创造力，能够在刺激间建立很多联系，却不能有意识地察觉到它们，也就是说一些高创造力个体激活了答案，只是无法将答案报告出来，因而无法在远距离联想测验中取得良好的成绩。虽然有研究表明，远距离联想能力与发散思维能力有中等程度相关性，但综合以上研究，顿悟类测验能否成为创造力的有效测量工具，仍然需要通过进一步的实验研究来证实。

3. 创造力成就测验

创造力成就指的是个体一生中创造出的新颖独特且被社会认可的智力成果的集合。创造力成就测验基于这样的前提假设：已经产生的创造力成就最能够代表个体产生新颖且有实用价值产品的能力。创造力成就的测量方式主要为：可证实的成就或荣誉的数量、创造力产品获得的社会评价以及自述创造力成就清单。在创造力成就测验的使用方面有几点注意事项。第一，应根据实验目的选择合适的创造力成就测验，有些创造力成就测验为领域一般性测验，而有些测验为领域特殊性测验；有些测验针对的是普通人日常生活中的创造力，有些测验针对的则是对社会有重大贡献的高水平创造力。例如创造力行为清单与创造力行为传记清单属于领域一般性测验，而创造力成就问卷既属于领域特殊性测验，又属于高水平创造力测验。第二，由于创造力成就测验产生的是计数数据，很容易导致数据总体呈正偏态分布，不利于进一步统计计算。因此研究者在处理该类数据时，需要使用统计方法将总体数据分布正态化。

5.3 项目化学习与创造力

创造力是创新发展的重要驱动力，它是一个国家软实力的象征，是创新人才培养的重要指标，是推动社会进步和经济发展的动力。从古至今，创造力的培养都备受关注与肯定,纵观人类文明的发展历程,每一次尝试,每一个发明,无不体现出人类的智慧和创造潜能。而在现代社会,创新意识、创造力、创新人才的培养都是社会、国家、个人发展所必不可少的重要保证。

提高一个社会的创造力,尤其是在基础教育中有意识地创设有利于学生创造力培养、发挥的课程是当务之急。在我国信息技术课程改革的进程中,创新、创造力等相关词汇被多次提及,可以看出培养学生的创造力和创新素养是满足信息社会发展趋势的必然要求。在此背景下,2018年,我国教育部正式颁布《普通高中信息技术课程标准(2017年版)》,其中明确指出:提升中国公民的信息素养,增强个体在信息社会的适应力与创造力,对个人发展、国力增强、社会变革有着十分重大的意义。在人工智能模块中,要求教育者引导学生在模仿中习得,在创造中推新;在开源硬件模块中,要求教育者通过开展项目教学让学生体验研究与创造的乐趣;要求学生掌握数字化学习系统、学习资源与学习工具的操作技能,用于开展自主学习、协同工作、知识分享与创新创造,创造性地解决日常学习和生活中的实际问题。创造力的培养有助于学生创新思维的形成,信息技术课程改革对创造力的培养进行了再次思考,直接指导义务教育阶段的教学开展,为中学阶段的创造力培养研究和实践探索奠定了基础。

"项目教学"的概念是由德国学者克诺尔率先提出的,后来,杜威"做中学"的思想推动了项目化学习的发展,20世纪初期项目化学习开始广泛盛行。后来项目化学习的发展经历了从欧洲到美国,最后又从美国回到欧洲的过程。其间,在项目教学经典理论的指导和影响下,

第五章 通过项目化学习来培养学生的创造力

美国萨莉伯曼设计的项目化学习和布鲁斯坎贝尔提出的学习中心等研究成果迅速产生。到目前为止,项目化学习依然是教育界颇为关注的教学形式。

查德博士在2001年就曾来到中国北京讲授项目教学法,也正是凭借这个契机,中国教育界对项目化学习的研究迅速展开,基于课题式的学习、项目中心的学习等研究逐渐出现。但是后来国内研究缺乏理论探索,大多借鉴外国经验,特别是美国和欧洲的一些理论。同时,项目化教学是一个成体系的整套教学模式,时间、地点、资源的条件都较为开放和具有弹性,而当时的中国教育还处于传统模式之下,各方面的形势和条件都对项目化学习的研究造成了一定程度的限制。目前项目化教学在机器人教育中的运用也还不够广泛。钟柏昌教授在2014年时对国内开展机器人教学的方式进行了调查,调查对象是参加第二届全国中小学机器人教学展评活动各省教师代表。调查发现,一部分教师在课堂教学中依然沿用任务驱动法,一部分教师采用传统的讲练结合法,只有仅仅不到四分之一的教师愿意尝试项目教学法。确实,在国内机器人教育当中,大多数教师还是担任了教学主导的角色,课程设计的流程仍然停留在先对知识点进行讲解,然后对机器人搭建进行演示,最后让学生在此基础上尝试模仿与实验的层面。若仍然采用现有的传统教学模式,那么势必会将机器人教育的特色和优点掩盖,不仅让教师依旧停留在完成教学任务的狭隘层面,也忽略了对学生自主探索、观察设计以及创新实践等能力的培养。

如果采用项目化学习的方式,教学将发生一些明显的变化。首先学习是基于真实问题情境的,这就激发了学生探索研究的兴趣;其次,项目化学习让学生的主体地位得到凸显，学生充分拥有研究自主权和参与权，能决定解决问题、达成目标的方式和方法，并能利用多平台、多渠道进行学习和设计，这又将提升学生对知识的探索欲望，改进对学习活动的统筹规划。最后，项目化学习本身就特别注重合作和沟通，在解决复杂问题的过程中，每个人的思考方式和社会经验都各不相同，因此设计思路也就各不一样，在这样的情况下更需要学生之间加强交流与沟通，最后确立一个统一的方案进行团结协作，共同完成。

项目化学习无疑给教学组织者带来了很多挑战，就教学进度安排方面而言，教学组织者通常根据项目的复杂度大致决定需要花费的教学时间，但常常因为可能在研究中遇到的实际问题、学习者突然迸发出的创意和想法、学习者对研究项目的反复测试和改进而不得不延长教学时间。就学科交叉性方面而言，教学组织者必须具备尽可能多的跨学科知识，才能在教学设计中完成多学科、多角度的教学案例，为学生提供相应的辅助教学。就教学评价方面而言，必须跳脱传统的单一评价体系标准，因为项目化学习更强调教学的开放性、主动性和创造性。

5.4 创造力的影响因素

根据自我决定理论和教师期望理论，在创造力的影响因素中，组织层面选取了教师自主支持和教师期望；根据创造力投资理论和创造力结构理论，个体层面选取了学习动机和思维方式。通过两个层面，来对高中生创造力倾向进行研究。

第五章 通过项目化学习来培养学生的创造力

1. 创造力与教师自主支持

(1) 自主支持的概念。

自主支持（Autonomy Support）是指处于权威位置的个体（教师、父母、领导等）接受处于接受位置的他人（学生、子女、员工等）的观点，体验他人的感受和对问题的理解，不采用强制和控制的方法，为其提供相关信息和选择的机会。

从被支持者的角度出发，Mageau 和 Vallerand 认为，学生、子女、员工感受到，教师、父母、领导支持其行为，给他们一定的决定权和选择权去独立解决问题，能够理解他们的行为，并给予支持和鼓励。

自主支持有四个基本特征，第一是作为领导者将命令行为最小化，不强制。第二是鼓励行为，提供选择的机会。第三是在认同对方看法的同时，能够换位思考考虑对方的立场。第四，能够在对方需要的时候提供相应的帮助和自己的看法。儿童健康心理发展必不可少的是一个自主支持的社会环境，其中对儿童的鼓励和帮助对于他们的思想、情感和行为的培养有重要作用。许多研究表明，自主支持环境有利于儿童的心理调整，而控制环境被认为不利于培养孩子的心理功能。

然而，大多数研究都集中在一种特定的自主支持方面，而没有考虑独特关系与儿童心理功能。在这项研究中，我们同时考虑母亲、教师和兄弟姐妹的作用。这三种人中的每一种都具有独特的功能，他们都会在自主支持和心理控制方面与儿童有独特的关联。

(2) 创造力和自主支持的关系。

创造力的发生需要其他因素一起作用，环境就是其中一个重要因素，创造者根据自己所处的环境和环境中的信息，来开展创造性活动，所面对的环境和人都会对创造者产生影响。

田友谊研究发现，支持性是促进创造性发生的一个重要因素，一个具有良好自主支持性的环境有利于创造力的发生。

Amabile、Schatzel、Moneta 和 Kramer 研究发现，当领导对员工进行支持，并且员工感知到了这种支持的时候，员工的创造力就会提高。

Rumus 研究发现，主管的支持对员工创造力有很大影响，当员工提供好的建议和做出对组织有帮助的事情时，主管如果给予适当的鼓励和支持，员工创造力就会有明显提高。

吕丽峰研究表明，知觉到的领导支持（包括工作支持、生活支持、价值认可和情感支持）与知识型员工的创造力具有显著的相关性。

2. 创造力与教师期望

(1) 教师期望的概念。

教师期望（Teachers' Expectation）是指教师在学生知觉到教师期望的基础上，对学生的目前状况进行进一步的推测。教师期望的重点在于，学生能够感受到教师的期望，并且对教师的期望做出反馈，进一步影响到自身，进而能够认识到自身并且发自内心地努力学习，从而提高学习成绩，教师对学生的鼓励、赞美、支持等，都是教师期望的一种。

教师期望效应又叫"罗森塔尔效应"或"皮格马利翁效应"，教师期望效应分为两种，一种是正向效应，是指教师用其行为，也就是用关心和支持，使学生随着这种引导正确而健康地发展；另一种是负向效应，是指教师的行为没有正向地引导学生的发展。教师行为方式不同，对学生的影响也就不一样。这种结果不同的影响分为自我实现预言效应和维持性期望效应。自我实现预言效应是指原先错误的期望会使人们把这个错误的期望变成现实。维持期望效应是指教师在已经对学生完全了解的基础上产生对学生的期望,但是学生的行为会随着时间和环境发生一定的改变,在这时,如果教师的期望不随之发生改变的话,就会出现期望上的差异,教师会看不到学生的变化,而忽略了学生的实际能力。在现实生活中,自我实现预言效应发生的作用更大,但维持性效应发生的次数更多。

(2) 创造力与教师期望的关系。

创造力的发展也是个体因素的发展,Gardner 认为,个体是创造力发展中的重要部分,个体和谁产生联系,就决定着个体的创造力该如何发生。比如个体和教师之间的关系,就是个体和教师之间的互动;又比如个体和其所从事的工作的关系,主要考察个体的创造能力和在这份工作中所表现出来的创造力;再者,个体与他人的关系,在不同的关系中,个体会扮演不同的角色,会得到不同的支持感,个体在这个过程中不断地互动和学习。目前,作为学生学习和生活中接触最多的人,教师自身的行为和对学生的期望,会被学生感知到,并且影响到学生,进而对学生的创造力产生影响。Feldman 认为创造力的发展是一件非常复杂而重要的事情,家庭、社会、教师、教育等因素缺一不可,而在其中,学生从小接触的教师,尤为重要。

教师期望和学生感知到的教师期望也是生活和学习中的一部分,教师期望会对学生的创造力产生一定的影响,这种影响的大小主要取决于学生能否感知到以及如何解释和运用教师期望,是否能在教师给予其期望的同时,产生较高的教师期望。

也就是说，当教师给予学生较高期望的时候，学生感知到这种期望，并且运用这种期望去努力，在这种情况下，学生的创造力就会提高。

教师期望的产生会使学生感知到一种关怀，认识到自己处在一种好的氛围里面，当学生以一种积极的状态去感知教师期望时，教师期望就会对学生产生影响，所以教师期望能不能被学生感知到很重要。

3. 创造力与思维方式

(1) 思维方式的概念。

思维方式是个体看待事物的角度、方式和方法。从国内外文献中看，心理学家认为思维方式是个体内部的心理结构；社会学者认为这是一种民族习惯，是稳定的、习惯的、作为文化符号系统而存在的。

在个体层面上，个体思维方式是指个体偏好使用的一种思维方式，每个人都有自己独特的思维方式。思维方式不同，看待问题的角度也会不同。

Arthur Tullett 认为思维方式是个体认知的一个重要方面，帮助个体决定如何运用自己的知识问题解决。

在社会层面上，思维方式受到历史背景和地区差异的影响，形成了在此地相对稳定的思维方式。地域和接受的文化不同，人们的思维方式会有很大的差异，因此，在社会层面上，地域和文化都是影响思维方式的重要因素。

(2) 创造力和思维方式的关系。

侯玉波认为，思维方式作为文化的一种元认知特性，是指人们在看待问题和思考问题时的一种不同方式，可以看出每个人面对问题的处理方式和方法。

关于思维方式对创造力的影响，侯玉波研究表明，京港大学生在创造力方面不存在明显差异,但在思维方式方面,北京的大学生辩证性要显著高于香港的大学生,而香港的大学生更善于用变化的观点看待他人。研究还发现基于文化的思维方式特点和个体的创造力之间存在密切的关系:不论是北京的大学生还是香港的大学生,他们的创造力水平都能够通过个体因素中的思维联系性和变化性得以表现,联系性越强,则个体创造力水平越高,变化性程度越高,创造力水平则越低。赵瑾得出以下结论,思维方式中的三个维度能够很好地预测中国的创造力,并且证明了三个维度是相分离的关系,这也证明了个体创造力在中国具有好的样本稳定性。

4. 创造力与学习动机

(1) 学习动机的概念。

动机是指人们在行为上具有一定的主观愿望和意向,并想要达成目标的一种信念。近年来,关于动机的研究不断得到发展,在很多前人的研究中,不单单只研究动机,也开始加入其他变量,例如成就动机、自我效能感、心理资本等,这些变量对动机有重要影响,动机也形成了一套严密的体系。

学习动机,就是对学习的一种坚持和信念,学习动机是影响学习成绩的一个重要因素,当学生产生正确的学习动机时,就会在学习中表现出正确的态度,进而取得好的学习成绩。

学者陈中永研究表明,学习动机是推动学生学习的一种直接动机,能够使学生达到一种良好的学习状态。学习动机不是一个单一的结构,在学习动机中,还包括学习需要、学习自觉性、学习态度等。

学习动机是学生在学习活动中的一个重要影响因素,能够直接影响到学生的学习状态和学业成绩,美国心理学家沃尔伯格通过研究发现,学习动机与学习效果呈现正相关。根据耶基斯—多德森定律，学习动机与学习效果呈曲线关系，说明动机水平过高或者过低都不能使学习呈现出良好的状态，而且，很多研究都说明，中等强度的动机最能产生良好的效果。

(2) 创造力和学习动机的关系。

关于学习动机对创造力的影响，朱晓红研究表明，小学生的创造力会随着年级的升高而升高，高年级学生比低年级学生具有更高的创造力，年级越高，学生接触的知识越多，思维也就越开阔，学生的创造性思维就会提高。

王龙研究认为，大学生创造力倾向在性别上存在差异，女生的创造力显著高于男生。此外，学习动机总得分与创造力倾向总得分存在显著相关，内生动机对创造力倾向的影响高于外生动机；学习动机内生主导型的学生的创造力倾向得分显著高于学习动机外生主导型的学生。

国内学者主要采用华东师范大学周步成教授修订的《学习动机诊断测验》（MAAT）来研究学习动机和创造力的关系，得分越高，说明越存在紧密联系。有研究表明，中等强度的动机最有利于创造力的发生。

5.5 设计具有创造力和创新力的项目

在第二届学习素养项目化学习峰会上，美国巴克研究所总顾问 John Larmer 做了《如何通过项目化学习培育学生的创造力和创新力》的报告，他抛出了三个不同年级、不同学科的项目案例，然后看看这些项目从设计上来说都有什么共同点。

第五章 通过项目化学习来培养学生的创造力

第一个项目涉及一年级的科学和艺术课程。项目提出的驱动性问题是：**我们如何利用光和声音，而不用文字，去传递不同种类的情感?**

在这个项目中，学生需要设计表演节目，或者利用多媒体艺术品，用光和声音交流或触发某些情感。他们通过各种形式的观察和实验，探索光和声音，使用或自己制造出各种工具，想出各种方法，实现跨距离交流。该项目能增加学生对常见情感的新理解，让学生在学习电视电影、音乐艺术中，探索如何用光和声音传递情感。

第二个项目是"创立公司"。这一项目在不同年级都可以做。这里以五年级为例。驱动性问题是：**公司如何能在经济上获得成功?**

这个项目中，学生要学习数学、经济学以及文学。他们以团队的形式，设计出一个商业概念，要能够满足真实世界或者他们所在社区的需求，这就能引出很多创造性的想法了。他们做市场调研，或者做竞争对手分析，设计出切实的经济计划。最后，他们要把商业计划说给别人听，也许是利益相关方、潜在的投资人、潜在客户或者当地的生意人，各种各样真实的听众都行。

第三个项目是有趣的、有挑战性的。项目提出的驱动性问题是：**我们如何为科幻电影设计可信的外星生物?**

这个项目中，学生要学习地球上的生物群落，包括生态系统、食物链、基因，等等。学生的团队要选择一个生物群落，创造出食物链上的各个部分，要考虑其他生物如何适应调整才能生存下来，他们创造的各个生物之间有什么关系，还要辨别基因，决定基因如何体现在生物的外观上。

然后他们完成成果，联系电影制作人或者设计人员，分享成果，甚至在寻求反馈之前就可以这么做。学生需要提供能够展示他们设计的外星动物的网站，最后邀请嘉宾，到某个类似画廊的地方展示他们的设计。

那么这些项目有什么共同点，有哪些激发创造力的特征呢？

第一，它们都聚焦于复杂、开放的问题或难题。这些问题没有简单的解决方法。在解决问题的过程中，可能需要不同的视角或不同学科领域的知识。问题需要足够开放，学生不是像在传统教学中那样去猜测老师要什么答案。如果学生知道没有正确答案可找，那么他们就要去想各种可能的正确答案。

第二，它们都强调问题或难题的真实性。真实世界中，人们在工作中可能遇到哪些问题？人们在什么情形下会发挥创造力？

第三，在限制因素之内，这些项目都要求学生拿出原创的成果或者方案。"原创"这个词很重要。学生不能上网搜一下，找点什么东西用一用。他们必须依靠自己或者和团队一起创造出东西来。但是，这是有限制因素的。比如有些项目中材料的选择必须满足特定使用者的需求。真实世界中，创造力要面临的就是这些限制因素。项目设计时加入这些限制因素也很重要。

此外，为创造力和创新力设计的项目驱动性问题还可能有：

- 我们如何改进操场设计，让它更有趣，还有助于孩子锻炼？
- 我们如何利用废弃材料，改进校园内的野生动物生存环境？
- 我们如何改善残疾人士的户外体验？
- 我们如何重新设计和建造城市，让它们更加可持续发展？
- 我们如何重新设计某个产品的包装，让它更加环保呢？

第五章 通过项目化学习来培养学生的创造力

(1) 青少年期是设计创造力培养的关键期。

习近平总书记在十九大报告中提出要"培养造就一大批具有国际水平的战略科技人才、科技领军人才、青年科技人才和高水平创新团队",凸显了国家对高水平、多层次创新人才的迫切需求。但是,目前我国人才结构不平衡,尤其是领军型创新人才较为缺乏。面对各行各业转型的时代背景,创新人才的匮乏已成为阻碍社会发展的重要因素。因此,我们必须正视社会发展对创新人才需求与人才供给短缺的矛盾,高度重视青少年创造力的培养。

大量科学证据表明,创造性思维的发展变化与年龄有关。心理学家 Sternberg 认为每个人都有创造力,但是青少年的创造力最强。哈佛大学心理学家 Gardner 研究发现,科学创造力发展的最佳时期是 14~17 岁,到 17 岁时就已基本定型。荷兰莱德大学心理学家 Crone 和美国加利福尼亚大学人类发展协会的 Dahl 研究也得出,青少年时期是创造力发展的关键时期,发散思维能力在 15~16 岁时最强,而后慢慢下降,尤其在视觉空间发散思维方面,青少年比成人和儿童具有明显的优势。青少年期的视觉空间顿悟能力呈现台阶式的跳跃发展模式,这表明青少年期的这种创造力发生了质的变化。正如美国心理学家 Rothenberg 所指出,青少年,而非儿童,是发展和培养创造力的最佳时期,尽管童年早期会出现创造力发展的先兆,但创造力动机和能力最先出现在青春期。年幼的儿童在装扮游戏上的表现也能说明青春期是获取技能的加速期。但是,这种现象并非持续的,随着年龄的增长,创造性思维也会随之下降。换言之,儿童创造力虽是天生的,但当他们成长为青少年时,创造力开始逐渐丧失。在学校教育的过程中,青少年创造力会有所下降和变化。在正式教育的早期，创造力通常会下降，但已有证据说明青少年的创造力可以得到改善。荷兰莱德大学心理学家 Stevenson 等人对青少年创造力训练成效的研究证实了这一结论。他们组织 71 名青少年（13～16 岁）和 61 名成人（23～30 岁），应用"用途转换任务（AUT）"实施创造性思维训练。研究者对参与者的创造性思维能力、一般思维能力、规则切换能力三方面进行了两周共 160 分钟的训练。结果发现，经过两周的训练，成人和青少年思维的原创性和流畅性都提高了。但在原创性方面，青少年比成人进步更大，这表明青少年比成人有更大的训练敏感性都提高了。其实，有专家早就在动物实验中得出了类似的结论：在考查识别能力和反转能力的觅食任务中，青少年小鼠比成年小鼠更快学会识别和反转，更少出现固执和分心造成的错误，它们会进行更快速的选择和更集中的搜索。这表明青少年小鼠比成年小鼠表现出更佳的学习灵活性。究其原因，是因为随着个体进入青春期，青少年会面临学习和适应的多种可能性，他们通过学习提高了复杂问题的处理能力，同时将获得更多的探索机会。这些研究都显示，青少年时期是创造力培养的关键年龄阶段。

(2) 技术教育是设计创造力培养的重要途径。

创造力不是一门学科，而是一种实现结果的手段。因此，为了提高学生创造力，学校应在教学中有针对性地对学生进行培养。目前大多数国家通过开设通用技术课程（美国称为"技术教育"，英国称为"设计与技术"）来实现培养目标。该课程最早于 19 世纪 80 年代作为手工训练课进入美国校园，当时引入了传统的手工业技术，课程主要涉及于常用工具的使用、技术设计和材料加工等。通过课程实施，让学生了解世界上真实物体的形成过程，从而激发他们的想象力，强化他们的抽象思维，这是其他学科做不到的。在教育实施过程中融入设计思维，让每个学生都可以成为一名"设计师"，这能为学生的发展打开一片新天地，对于基础教育阶段的青少年来说更是如此。例如，上海市同济黄浦设计创意中学的特色项目化学习课程，将知识输出的基础型课程与体验式学习的创新型课程相结合，以设计思维为导向，让每个学生，包括没有绘画基础的学生，能够将自己心中的想法通过设计表达出来。因为他们正处于思维塑造的最佳时期，而且每个学生都拥有丰富的想象力，把握好关键时机可以让他们构建起受益一生的思维模式，并促进其品格、意志和多种能力的全面发展。今天，正如美国国际技术教育协会颁布的"技术素养标准"和英国的中学国家必修课程"设计与技术"所体现的，以设计为核心的技术教育，已涉及现实世界中的多个领域，如能源、建筑、制造、生物技术和通信技术等。尽管以培养学生技术素养为目标的技术教育的课堂教学还是以传统的方式实施，但该领域的前进方向始终与社会科技进步方向相一致。在技术教育课程变革中，最基本的学科目标仍紧紧围绕着帮助学生发掘其他课程发掘不了的天赋，以此激发其潜在的设计创造力。在英国，这门课程不仅强调创造艺术，还兼顾工业、农业、商业、技术等领域的技术开发；它主张"民主"，反对精英式的创造力培养，强调激发所有学生的创造兴趣和创造潜力。例如其中的《烹饪与营养》课程，要求中学生在理解饮食基本原则的基础上，学会烹饪技术和食物种植方式，并最终实现利用美味佳肴养活自己和他人的目标，设计包括食谱设计、器具革新、烹调工艺等。不难看出，创造力被列为"产生新颖和有价值的产品的想象过程"，这一观点让技术（设计）教育变为现实，想象和制作成了该课程的核心内容。

5.6 创造力培养的原则

对于创造性转型和运用而言，坚实的设计基础是非常必要的。如果学习者不主动学习，不积极运用，那么设计基础将无法建构，设计创新也将成为空中楼阁。这决定了技术教育是青少年设计创造力培养的最佳路径，同时也启发技术教育实践者要遵循一定的教育原则。

1. 探索和创新

当学生要为自己的观点和方法负责的时候，我们要有正确的态度，支持学生的思维标新立异。例如，Osborn 的头脑风暴就表明了对自己和他人的新观点表现出积极态度的重要性。优秀的头脑风暴者必须知道即使面对的是最牵强的问题解决方法也不能批评；相反，应该鼓励他们产生更多独具一格的探索与创新的设想。杭州清泰实验学校就开设过一节"梦想课堂"，教师将学生分为四个组，代表四个竞拍公司，让学生通过头脑风暴设计不同的水槽，最后通过竞拍设计的水槽获取奖金，以此来锻炼学生的想象力和创造力。可见，教师不能简单地将知识作为产品进行传播，而应积极地为学生提供学习经验。这一原则使学生能够创造性地利用知识解决实际问题，解释困惑情况，这是克服"惰性知识"的一种有效方法。当学生通过发散思维创造性地解决问题时，要把这些成果迁移到学习和日常生活，特别是小制作、小发明和小论文创作。2016年，临沂沂州实验学校八年级学生王骁骁基于生活观察，发明了多功能肥皂盒，更是凭借这项发明获得了第67届纽伦堡国际发明展（IENA）金牌，这就是成果迁移的一个很好的例证。

2. 创造实践

通过假设技术情境进行创造实践，以刺激学生对技术问题的思考和推理，这个过程不仅能帮助学生发展设计思维技巧，更能让学生认识到知识是在实践中产生的，他们是知识产生和变化的积极参与者，而不是他人所创造知识的简单消费者。因此，技术创造实践在设计创造力培养中起着不可替代的作用。2017年初，江苏省苏苑高级中学在高一年级试点引入"TEACH 创新学园"的 3D 教育活动课程，以 3D 技术为载体，帮助学生将虚拟的设计想象以实物模型进行呈现，形态各异的作品激发了学生的设计创造力和动手实践能力。这种同时调动视觉和触觉的学习方式，让枯燥的理论在实践中变得生动，对学生具有很强的吸引力，尤其是为学生的发散性思维训练提供了一个抓手。可以说，在技术教育过程中，通过技术创造实践来训练学生的发散思维，已引起了广大教育者的重视。但发散思维只是创造性思维的一种形式，而且仅仅主要在创造早期起作用，对观念和信息的选择以及信息重组能力的培养，则更有赖于评价思维和批判性思维。这表明在技术教育的创造实践中，教师应树立一种教学态度，即在没有仔细检查他人的基础和假设之前，不应该轻易接受一种立场或观点；相反，一个人应该基于证据和逻辑而坚持某种看法，而不是凭借印象和感觉。也就是说，设计创造力培养，不仅仅要借助技术创造实践，而且要给实践者提供一种宽松且可拓展思维的环境。

3. 鼓励合理冒险

创造过程中不可避免地会遇到失败与挫折，教师应引导学生将失败作为重新学习的起点，因而保护学生尝试新方法和坚持少数立场的自信和意愿相当重要。美国心理学家斯腾伯格总结的创造性人格的七个特征之一就是适度的冒险精神；美国心理学家威廉姆斯也提出了"创造性个性倾向"，包括冒险性、好奇性、想象力与挑战性等四个要素。由此可见，合理的冒险是学生设计创造力的重要素养之一。因为学生的个性是创造力的来源，每个学生在课堂学习中都具有个人特质和唯一性。正如斯坦福大学的校训"让自由之风劲吹"所倡导的，设计创造应充分尊重学生的个性发展，为学生提供轻松自在的氛围。对此，Miller明确提出，教育改革应该紧密联系孩子的心理，定制个性化课程，以发现真正的人才。因此，从实质而言，教师应做的就是把学生所具有的特质激发出来，鼓励学生合理冒险，在冒险中发现自己的优点，促进其个性化发展。

从消极方面来说，技术教育应该因势利导审慎而行，不能扼杀学生的设计创造潜力；从积极方面来说，技术教育应该创造一种良好的学习氛围，鼓励学生合理冒险，让学生勇敢探索和创新。技术教育的意义不仅仅在于传播世界上已有的技术知识与技能，更重要的是帮助学生预见新技术发展的可能,让学生怀揣热情和坚持去不断追求无限的创新梦想，这既是为了学生自身的发展，也是为了我们的社会。

时至今日，创造力缺乏问题的根源早已不在教育系统中，而存在于整个社会中，自然也难以在教育系统中得到彻底的解决。但教师对教学大纲的灵活掌握以及对每个学生的深入了解，再加上家长正确教育理念的树立与良好的家校沟通也许可以解决部分问题。

(1) 创造力在家庭中的培养。

父母作为孩子最为亲近的对象，也是孩子的第一任教师，他们的人格会影响其养育方式和亲子关系。而亲子关系正是创造力产生的最重要的影响要素之一。有研究表明，父母，尤其是母亲的某些人格特质可以营造出不同的养育氛围，对孩子创造力的培养产生影响。其中，母亲对孩子尝试新事物、不盲从、幻想和坚持不懈（非强迫状态下实现）四种行为的鼓励和支持有助于其创造力的发展。而上述四种行为的出现则与母亲人格特质中的开放、情绪稳定、谨慎和外向息息相关。

在对孩子的管控方式上，我国研究人员发现，家长对孩子的管控方式与孩子自发性动力和概念流畅性、变通性以及创造力有所关联。实施行为管控的家长通过密切关注了解孩子的日常活动与行为，并设立双方共同遵守的明确规则对孩子进行合理约束，除此之外给予孩子充分的自由。而实施心理管控的家长通过激发罪恶感、焦虑感，羞辱甚至停止关爱等方式对孩子的想法与情绪进行入侵和控制，但不对其行为做正面引导，甚至没有前后一致的标准。行为管控与孩子的内动力、概念流畅力、变通力以及独创力皆呈正向相关。研究人员认为正确的行为管控可以使家长对孩子的状态、行为有足够的了解，以便在出现情况时提早发现，从容应对。同时，与行为管控正向相关的内动力被认为对创造力产生正向影响的因素，也关系着孩子在学习中的自主性。心理管控与孩子的概念流畅力和变通力呈负相关，对自发性动力则没有明显影响。长期处于心理管控下的孩子由于情感宣泄受到心理层面上的操纵和压迫，对解决问题容易产生厌倦，不利于成长和良好行为习惯的养成，更不利于创造力的发展。因此，家长应对自身的重要性进行了解，并注意对孩子的教育和管理方式，来自家庭的关爱与安全感对孩子健康人格的建立与长久的发展而言是不可或缺的。

(2) 创造力在学校的培养。

对创造力的培养应始于基础教育阶段，始于具有创新意义的学校环境。这一环境的营造涉及学校的每一个组成元素。校长的创新素质将在很大程度上决定学校的教育理念以及管理和领导模式，从而使教师的创新素质得以发挥。创新型的教师是创造力培养的一线执行人，其教育理念和教学行为会直接对学生产生影响。在支持性的环境中，教师采用创新型的教学方法激发学生的创新思维和创造潜力，才可以引领学生走上自主创新学习的道路，并最终达到提高学生创造力的目的。教学评估体系的优劣则与创新人才是否能够脱颖而出息息相关。创造力强的学生有时未必能拿到很好的成绩，大多数情况下创造力与平均学分绩点的关联性较弱，但关联的强度也与学校教育理念相关，如果学校重视创造力并在日常教学和考查方式上有所体现，则关联度更强。因此教师应做好心理准备，有较强创造力的学生未必都会有优秀的学术表现或成为传统意义上的"好学生"。在培养学生的创造力之前，教师需要做到对学生一视同仁地给予充分关注，以免因为潜意识行为给学生带来不利的暗示，人为地制造出"差生"。

那么，在项目化学习的过程中，如何提升学生的创造性呢？

第一，要营造鼓励创造性的氛围。

学生习惯了传统课堂文化，在课堂中听教师讲课，做笔记，背诵，复习考试。这样的课堂文化，没有多少创造性的空间。

在鼓励创造性的文化中，**教师要讨论什么叫创造力**。要和学生一起做些活动，展示给他们看，每个人都是有创造力的。

例如，组织一个有趣的小组活动，给学生一个日常的物品，比如一盒别针，让他们去想创造性使用别针的方法。

不是要学生去创作诗歌、画画或者创作音乐，而是让学生开动脑筋，创造性地使用日常物品。教师要用这种方法，告诉学生，每个人都能做到。

在鼓励创造性的文化中，要让学生明白，犯错误是没关系的。 在传统教学中，错误是不好的。学生不想犯错误，犯错误要受罚。但是在真实世界中，犯错误却很常见，专业人员都有可能会犯错误，但他们犯错后会总结进步，从错误中学习，最后找到更好的解决方案。所以，要告诉学生是允许犯错误的。

在鼓励创造性的文化中，要鼓励学生有自己的想法，要独立思考。个人和小组都需要有独立思考、独立行动的时间。

第二，使用创意生成的流程。

比如使用头脑风暴等方式，让更多的学生先把自己的想法写下来，这样有利于学生在开始讨论前形成自己的想法。还可以使用概念图，鼓励学生从不同角度看待同一个问题，激发学生从不同的方面产生新想法。最后，还可以使用采访或者调查，这也是了解学生需求、听到新想法的好办法。

第三，在问题解决和成果制作中使用一些惯例。

这对创造力很重要。经常使用一些惯例，比如经常使用某一种激发学生思维的工具，或者解决问题的一般思路，学生就会慢慢习惯。具体工具的选择还需要根据项目实施的情况而定。

总体来说，由于开放性问题与发散性思维相关，有技巧地提出开放性问题并引导学生进行符合其认知能力的深度思考可以对不同年龄段学生的发散性思维培养产生帮助，从而提高创造力。实际上，在中学课堂上用头脑风暴等以开放性问题引导发散性思维的练习取代一部分依赖于封闭性思维的学习过程早已是众所周知的教学技巧。但为了保证课堂效率与秩序，有固定答案的封闭性问题显然更容易操作和控制。不同于以知识传授为目标的传统教育中所崇尚的服从、纪律、秩序、求同等课堂氛围，以创造力培养和知识应用为目的的教育所需要的恰恰是身心自由所带来的安全感，开放环境的启发与诱导，激励的氛围中弥漫的轻松感与愉悦感，以及民主和平等，只有在这种环境中，学生才能逐渐养成敢于提问、善于提问的习惯，也只有这样，才能培养学生独立思考的能力。这是学校原本应为培养学生创造力而提供的环境，但教学大纲与升学的压力控制了校内学习氛围，提高了尝试新教学方法的风险，增加了教学难度，甚至受到部分家长的抵制。若想兼顾发散性思维与教学进度，不仅需要投入更多教育成本以开展相应的教师培训，而且需要整个社会理念的改变。

5.7 学生创造力培养的策略

与智力不同，创造力并非天才的专利，对儿童来说这一特征尤为明显。事实上大部分婴幼儿都具有创新人格的潜质：他们富有好奇心和冒险精神，也可以非常执着。探究未知和发现不同点是儿童的本能，在思想尚未被封闭性思维、刻板印象和习惯所包围前，他们可能天马行空，敏锐非常。这种珍贵又普遍存在的潜能在成长的过程中有时会得到保护和发掘，有时却因受到压抑而逐渐消失。

对创造潜力的发掘和培养从某种意义上来说更像是对创造力的保护，应该从小开始，其中离不开家长的教育理念。而从另一个角度来说，保护并不意味着将孩子小心翼翼地隔离在玻璃温室中，尝试与失败都是创造中不可避免的过程，对创造力的保护也是一种培养。因此，义务教育阶段的重要性不能因为教学大纲中包含的知识量小而被轻视，其重要性不在高中教育阶段之下。芬兰著名的教育系统和教育模式中初等教育阶段所分配到的教育资源以及教育理念就十分值得借鉴。

尽管我国每个学段都有大量优秀教师，教师也在自我提升，但不得不承认，越是高年级、高学段，分配到的教育资源就越多。对高中教师的要求高于初中，初中高于小学，而小学高于幼儿园，这看似十分合理，实则不然。创造力的培养不是单纯依靠知识的积累就能实现的。诚然，创造的产物不能凭空产生，对知识经验的积累是创新的基础，但若在教学中将此作为最终目标反而会对创造力产生束缚。

我们不应忘记，创造力并不是流水线上批量培训的技巧。在创造的过程中，创新人格和所处的环境都扮演着不可替代的角色。孔子因材施教的典故路人皆知，但在数千年后的今天，遥远的北欧国家分配给了学校和教师足够的自由度来保证每个学生都能向着相对适合自己的方向发展。而在我国，典故依旧只是典故而已。国情不同，对教育模式的比较与学习也的确不可一概而论。大量考核与相互比较所带来的紧迫感会将内动力转化为外动力，致使推动力大幅度减弱。而创新人格的衰退，很大程度上正是在此过程中发生的。因此，在创新人格的保护与创造力的培养过程中需要投入大量的关注与精力，而非压以繁重的学习任务与升学压力。教师与家长可以从不同侧重点引导学生探索自己的能力与倾向，并对未来进行深入的规划和思考，以激发学生自身的内动力，推动创造力的显现。

1. 思维训练

为了培养学生的创造力，学校正在寻找新的方法来增强学生的学习能力，一个特别有希望的方法就是利用设计思维。加拿大多伦多大学管理学院教授Martin认为，学生必须像设计师那样思考，因为设计思维能够增强学生的创造力，并帮助他们了解创新的过程。

与一般的思维概念相比，设计思维在着力帮助学生建构知能体系的同时，更强调引导学生发现知能与现实问题之间的关系，并由此形成创建新的知能以及解决更加复杂问题的能力。设计思维能力无疑对学生未来工作中的设计创新的贡献至关重要，正如瑞典哥德堡大学设计实验室创始人Johansson-Skldberg等学者所说，设计思维在设计创新过程中将起着不可或缺的作用。

第一，设计是一种创造，设计思维能够帮助人们创造出更多人工产品；

第二，反思是设计的核心，设计思维能够促进人们在实践中进行反思；

第三，设计思维能够帮助人们解决结构不良问题；

第四，设计思维是一种以实践为基础的活动，能够帮助人们更深入地理解事物；

第五，设计思维能够产生创造的意义，这种意义存在于设计过程中，同时也通过人工产品进行沟通和传递。

正因如此，目前越来越多的学校将设计思维训练纳入课程。国内外已经有相当多的设计思维训练方式，例如专门开设一门设计课程；将设计思维融入现有课程中，等等。美国斯坦福大学的Goldman等人就对设计思维整合于K12课堂进行了实践研究，结果显示，设计思维可以为学生提供一套切实可用的思维方法，能有效培养学生的想象力及创造力自信。北京师范大学智慧学习研究院陈鹏博士提出，初中信息技术课堂中可以尝试结合设计思维来进行 App Inventor 项目的开发，比如活动主题可以是"利用 App Inventor 制作整合力学知识的游戏"等。其实，不论以哪种方式培养学生的设计思维，其目的都在于促进学生设计创造力的发展，以提高问题解决能力，建立自己的认知和社会技能。基于此，在训练学生设计思维的过程中，我们不应局限于某种方法或形式，而应紧紧把握培养的核心要点：

①依赖学习者的认知能力，帮助学习者学会理解概念，并通过对概念之间关系的自我建构，形成逻辑自洽的学习制品。

②促进学习者的深度思考，以已有知识和能力为基础，深入思考和挖掘新的解决方法。

③紧密联系现实问题，通过解决书本中的问题积累知识，最终提高面对现实问题的设计创造力。

④致力于学生的终身发展，让学生能够将在学校和课本中获得的知识和能力迁移到现实问题的解决中，获得面对未来世界的学习力。

比如最早起源于美国麻省理工学院的"创客运动"，推动了全球创客教育的发展，其核心理念就是通过动手实践培养人的创新意识、创新思维和创新能力。

2. 产品创造策略传授

全球范围内，通用技术在解决问题、设计和施工技术等方面的作用都趋于一致。一直以来，技术教育的成果通常以产品的形式呈现，这就决定了在技术教育过程中，指导青少年的创造性产品生成极为关键，而其中设计创造力又是产品创新的核心。

通过不同类型的设计问题，训练学生运用创造性策略解决问题，是提升设计创造力的有效途径。

(1) 问题导向的创造性设计。

这种类型的设计目的是提高现有产品或系统的性能，以解决影响产品或系统主要功能的问题。采取的策略可以是解决最小的问题，即解决产品冲突，每次只需要对产品进行一部分改进。例如，使用发明问题解决理论的冲突矩阵和利用创新原理来解决产品中的冲突，从而提高现有产品或系统的性能。

(2) 功能导向的创造性设计。

这一类型的设计目的是设计新的产品或系统，设计者要从现有产品中"跳"出来，结合设计的最终目标，找到达到设计要求的新产品。采取的策略可以是解决最大的问题，如改变产品的工作原理。例如利用"概念扇"，从科学基础上寻找新的原理，结合生活实际从一个具体的"点子"出发，通过逐步概念化的过程将解决方案分解成多个层次，再逐层细化。

(3) 形式导向的创造性设计。

当确定产品的主要功能和相应实施原则时，可以通过改变产品的形状、格局或外观等方式设计新产品。设计中可以使用一些非逻辑性的思维方法，通过想法组合和任意启发等创造出新颖的设计理念。例如，学生要制作一个创意打火机，那么首先要明确打火机的功能定位，然后设计新颖有吸引力的外观。

对于技术教师而言，能否对学生的产品进行正确评价，也是影响学生设计创造力发展的要素。美国明尼苏达大学工业教育学院的 Moss 和 Duenk 教授，建立了技术教育中评估创造性产品的最为适合的标准。他们向 57 名工业艺术教育家、2 名测量专家和 6 名教育心理学家提交了该评价模型。专家们一致认为，该模型与现有的创造性理论和实践相适应。由此得出，独特性（原创性）和实用性是学生制作创造性产品的特征，当产品同时具有一定程度的独特性和实用性时，它便具有了创造性。迄今为止，尽管评估学生的创造性产品的标准还在不断完善，但独特性和实用性仍是创意产品的两大基本特征。总之，教师必须设法客观地衡量这些属性，然后以能够提高学生设计创造力的方式教授学生。毫无疑问，教师具备一定的评价能力是这一策略有效实施的关键。

3. 组织学生创新竞赛

技术教育课程和实验室教育都能刺激创造潜力，并允许学生在犯错中不断学习。除了产品设计和制作项目自身所固有的挑战之外，学生竞赛已成为设计创造力培养的重要兴奋剂。最受欢迎的一种学生竞赛就是超级赛事。例如，评选哪个团队设计和建造的车辆是最省油的。参赛学生在预先规定的竞争条件下制作、测试车辆，以展示设计的力量。学生竞赛的另一个热点项目是机器人设计，参赛学生在约束条件下设计和构建机器人。为了完成这一设计，学生要保留技术说明，描述设计和制作机器人的整个过程。内容包括绘制草图和任何所需的数学计算等。对学生的评价包括机器人的设计和操作，数学和科学技能的应用、设计过程以及他们如何与对手竞争。在这个设计过程中，比赛的学生会产生数百种创造性设计。目前此类竞赛发展迅速，比如由美国三一学院 Jake Mendelssohn 教授创办的"世界教育机器人大赛（World Educational Robot Contest，WER）"，每年全球有 50 多个国家的 50 万名 4～18 岁青少年选手参加各级 WER 选拔赛，获胜者不仅为自己、学校和国家带来荣誉，其获奖证明甚至还可以成为被大学（直接）录取的重要依据。此外，国际青少年创新设计大赛（International Youth Innovation Design Competition，IC），秉承"创新驱动发展、设计改变生活、人才引领未来"的宗旨，吸引着无数中小学生开展创业、创客、创新实践活动；由中国发明协会主办的全国中小学信息技术创新与实践活动(Network Originality Competition，NOC)，已成为展示中小学生优秀科技成果的重要平台。

除此之外，还有一些具有强大工程风格的设计挑战。例如，全球性纳米技术公司Nanobiosym的Goel研究员提出了一个要求学生"设计、创造并最终呈现一个微型的流体装置"的项目，提供给学生的器材有橡胶、纸板、胶水、胶带和圆柱形面壳等。这样的装置制作成功后，学生还需要针对这一装置进行相关汇报，包括进一步改进的可行性评估等。由于工程设计在技术教育课堂中的渗透，初始概念设计可能需要在设计分析前期预先进行铺垫。

事实上许多学生都喜欢参加技术创新竞赛，因为它将带给他们充分的自由想象和发明的空间。许多学生对制作机器人、制作捕鼠器、设计动力车辆或开发网站都非常感兴趣，他们往往不会觉得该课程的学习是一种负担。

4. 多课程整合优化

在青少年设计创造力的培养中，仅凭单一的技术和设计教育，很难实现培养成效的最大化。进行多课程整合优化，以发挥各学科的内在优势，是青少年创造力培养的有效策略。

技术课程是一门高度综合的课程。《普通高中技术课程标准（实验）》中指出："技术课程具有高度的综合性，是对学科体系的超越。它强调各学科、各方面知识的联系与综合运用。学习中,学生不仅要综合运用已有的语文、数学、物理、化学、生物、历史、社会、艺术等学科的知识,还要融合经济、法律、伦理、心理、环保、审美等方面的意识。学生的技术学习活动不仅是已有知识与技能的综合运用,也是新的知识与能力的综合学习。"因此,在青少年设计创造力培养过程中,开展丰富多彩的技术教育势在必行,其有效策略是推动技术课程与其他课程的整合优化。多课程整合优化要充分利用现有资源。

(1) 学科整合。

学校应该根据课程的连续性、相关性和启发性整合相关学科,以此丰富学生的设计知识,拓宽学生的创新视野。如果能够整合更多的学术课程,那么学生学习技术的热情将能与纯粹的学术课程相联系,不仅能使那些学术成绩优秀的学生增强技术探究的乐趣,而且能使许多被认为在学术上表现欠佳的学生获得更高的成就感。如华中农业大学的杨欣等人提出的以"智能手机为中心的中学 STEM 教育课程",就期望通过多学科整合来培养学生自主创新的能力。

(2) 资源整合。

技术教育具有很强的实践性,学校要为学生的动手实践活动提供必备资源,包括通用技术专用教室、工具设备、制作材料等。除此之外,还要充分利用物理、化学、生物、信息技术等实验器具,结合技术教育中的不同内容和项目,充分调动多学科现有资源,以此形成资源共享格局,最大限度地拓展设计创造力的培养资源。

(3) 师资整合。

教师作为课程的开发者和实施者,在学科整合过程中起着重要作用。

因而，不论是校内各学科教师，还是校外各种教育机构从业者，都应积极开展协同合作，全方位提供学生在技术语言、技术文化、技术原理、技术等设计领域学习所需的资源支持。

5.8 面向创造力的教学模型设计

《中国教育现代化 2035》中明确提出推动学校施行启发式教学、探究式教学、参与式教学以及合作式教学的形式，要开展走班制、选课制等教学组织模式，还要从中培养学生的创新精神，提升实践能力。本研究以基础教育为背景，以"项目各环节＋活动研究类型"为创造力培养的教学基本框架，以"主题活动＋探究"为教学形式，以定向探究和自由探究为课堂教学活动和实践教学活动，构建了面向基础教育学生的创造力培养教学模型。

面向基础教育学生的创造力培养教学模型的五个层次相互依存，共同作用。针对学生的创造力培养而开展基础教育主题式探究教学的关键因素包括教育目标、教育理念、教学原则、教学模式、教学内容、教学活动以及教学评价七个方面。

(1) 教育目标：人的全面发展。

我国 2015 年修订的教育法第五条和 2018 年修订的高等教育法第四条都提出，教育必须集中力量为了朝着社会主义现代化方向发展的任务提供服务，必须将生产劳动与社会实践交互在一起形成一个整体，为了培育全面发展和可持续发展的社会主义建设者与接班人尽一份力量。与片面发展和畸形发展相对，全面发展将使拆分成多个方面的基本素质得到充分、和谐、统一的提高和发展。基础教育是以提升和发展学生的基本素质为关键，在保全学生的独特差异性的基础上开发其潜在的能量，注重培养其发展成健全、成熟的个性特征为核心的教育。

(2) 教育理念：育人为本。

教书是为了育人，教育不能只关注教而忽视育，要协调好教与学这两者之间的关系。要将教学的中心从教育者转向学习者，重点是要加强培养学生学习的方法和思维。教育要秉持授人以鱼不如授人以渔的理念，要将重心从传授知识转变为教授如何学习，教会学生掌握基本学习的过程和科学的学习探究方法。教育要对学生学习的结论和过程进行两手抓，善于引导学生经历过程，发挥教学的本质作用。教育观念要从以学科为本向以人为本转变，要时刻关注学生的身心健康，辅助学生养成正确的思想价值观与健全的人格，充分发挥教学育人的作用。

(3) 教学主体：学生主体与教师主导相辅相成。

基础教育要以学生为主体开展教学活动，教师从旁起辅助引导作用。两者相辅相成，缺一不可。教师在课堂中所起的作用体现在教学的组织、启发和决策的引导中。教师要恰当而精心地设计、组织富有乐趣的教学活动，激发学生参与学习的动机与欲望并坚定他们求知的信念，培养其自学能力。学生的主体作用体现在在学习的复杂环境中主动参与、探索、评价和迁移的主观能动中。学生通过实践活动发挥主动性、积极性和创造性学习，掌握获取知识的科学方法，引发创新能力。这两者具有内在的关联性，能达到互相促进、共同提升的作用。

(4) 教学模式：基于课题或项目驱动。

探究式教学模式具有参与、过程、开放和体验四个特征。在教学过程中，教师利用探究式教学法，通过引导学生自主参与完成完整的单个或综合课题或项目而开展教学实践活动。主题项目是探究式教学的关键。刘桂云将学生的学习活动与项目相结合，在项目的不断推进和层层深入中有效促进跨学科知识的整合和发现问题，教师通过支架式教学协助学生自主探究，最终提出解决方案。

(5) 教学内容：学科整合的主题项目研究。

基础教育的教学内容主要是以分学科知识教学的形式来展开的。各主题项目中融合了多种课程学科知识，其选题不是单一的、有边界的固有问题，而是具有创造性、开放性的问题。主题项目开展的前期，教师带领学生针对简单、内在的问题明确项目的驱动问题间的联系以及预期目标。学生在教师一次又一次的辅助下通过定向探究、自主探索去理解和解决问题。主题项目开展的后期，教师给学生备好必需的信息与资源并为其提供少量的帮助。学生在自由探究中能够自主完成主题项目的研究，充分展现了创新创造和整合的能力。

(6) 教学活动：自主学习与合作探究。

在基础教育阶段，要在保证高质量教学的前提下开展科学研究活动，将科学研究的要素引入教学中，根据专业特色和学科优势建立权重分配以及多元化评估标准，赋予教学新的意义。关于自主学习的界定，可以从维度和过程两个层面进行理解。从学习的维度上，可以将其理解为学习者内在动机驱动下产生的自主学习行为。从学习的过程上，可以将其理解为学习者在开始学习前已经为此做好了充足的准备工作。总的来说，自主学习是在总体教学目标的宏观调控和教师的协助下，由学生自愿地、主动地去学习。合作学习是一种集体的自主学习，能促进学习者的合作，同时在思维矛盾和认知冲突中不断补充、创新，在问题解决的交流中共同进步。在中学教育中，主题项目的探究是教学活动的载体，主动参与、自主探究的学习方式是问题式学习的中介，以锻炼学生的各项能力，挖掘其自身潜能。

(7) 教学评价：评价多样性。

主动参与、自主探索的学校课堂教学应遵循有效性、可靠性、区分度、明确性、可接受性和实用性六大原则确立评价标准。主题探究式教学应基于六大原则执行评价，以保证手段的有效性、内容的丰富性和主体的多元性，建立学生的个人成长档案。

1. 教学结构设计

课程由课前、课中和课后三个阶段组成。课前阶段是有效开展教学的前提基础，主要是调动学习者的学习欲望；课中阶段是促进教学良好进行的关键部分，主要是充分调动学习者的积极性以使其参与到自主探究的过程；课后阶段是有效检验教学的重要部分，主要是让学生继续参与拓展探究活动，不断巩固知识的过程。每个阶段都有其独特的作用和意义，前一个阶段对后一个阶段起支撑作用，后一个阶段对前一个阶段起反馈与修正作用。阶段与阶段之间相辅相成，共同为学习的质与量保驾护航。

(1) 课前：线上线下学习。

课前阶段是学生自发、自主探究的过程，旨在为课中阶段做好前期准备工作。在该阶段的进程中，教授者要根据实际情况为学习者创设一个富有意义的有效情境并将学习者带入该情境中，由此引发出一个符合实际生活的主题探究活动。学习者在教授者的引导和辅助下明确该主题的学习目标和相关内容，在已有的环境和资源支撑下开启线上线下自主学习活动。在条件允许的情况下，学习者也可以通过各种途径进行拓展学习，以完成课前的学习准备工作。

(2) 课中：面对面集中教学。

课中阶段由内外分层结构组成，是课前与课后阶段的过渡。其内层以项目为中心划分成四个等份；外层同样以项目为中心根据对象与分工的不同形成一个支架结构。在这个阶段，教授者需要根据学习者的差异性制定个性化的培养方案，有针对性地选取多样性的教学策略并根据实际情况实时调整方案。在主题项目制作前期，由教授者以面对面统一教学的形式为学习者讲解该主题涉及的概念性知识及原理。制作的过程需要教授者与学习者一起参与，但要以学习者为主，以教授者为辅。教授者要把控好整个教学的进程安排，时刻督导和引导学习者的探究。学习者要在教授者的辅助下发扬协作精神，共同探究问题，同时要保证做到相对独立地完成属于自己的任务。在整个阶段的学习中，学习者与教授者互相配合完成各自的工作。学法与教法的冲突与转化，共同形成了主题探究式教学的协同机制。

活动是教学的载体，是教育的具体表现形式。互动和交流是教学活动的关键组成部分，任何教育形式都不能脱离交流与探讨。按照活动形式的区别，可以将其划分为线下课堂中的学习活动和线上虚拟环境中的学习活动。课堂活动需要学习者与教授者集中在一起，以面对面的形式开展讨论、制作、分享以及点评等活动。虚拟活动主要是指学习者与教授者在不同的时间和不同的地点参与到同一个主题中，共同解决相关的问题，如资源共享、答疑解惑、交互交流等。学习者与教授者以线上线下活动作为教学的平台与媒介，教授者根据主题研究的目标需求设计相应的教学活动。学习者要遵循教授者的设计的路线开展自主协作学习，并将学习成果反馈给教授者，以供教授者根据反馈信息有针对性地重新规划路线并调整方向。学习者与教授者共同围绕着该主题开展互帮互助的探究式教学活动，引导学生深层次思考与学习，认真、合理、有效地完成每个主题项目。

主题探究式教学不能侧重于过程或者总体单方面的评价，而要注重对学习者进行综合方面的考量。在学习前利用诊断性评价先摸清楚学生的已有知识、经验等情况，方便教授者为其设计有针对性的个性化培养方案。在学习的整个过程中要侧重使用过程性评价方式，重点考察学习者在交流、探讨、合作、资源使用率、问题解决质量等方面的表现。该评价方式不仅可以了解学习者需要发扬的优势，也有利于及时发现其薄弱点并做好调整，促使学习者不断进行总结、反思与修正，让其在和谐、美好的学习环境氛围中逐渐提升自己的能力和素养。在学习的后期，学习者的学习成效会有一个基本的呈现，可以利用结果性评价对学习者的设计、作品以及具体的行为表现做一个整体性的评价，从总体上了解学习者在该教学模式下对知识的吸收与运用程度。每个阶段的评价方式不是相互独立的，而是相互影响、相互作用的。

教学评价有利于检验学习者的知识转化率与调配运用能力，也有利于教授者接收反馈信息，从而制定更优质的教学策略。教授者主导评价的开展，个人与小组根据接收到评价信息的优劣进行有针对性的调整与改进，教授者根据学习者前后的表现对教与学进行反思与修正。在对过程性学习进行考核与评价时可借助线上共享平台资源参与多元主体评价活动，多方面收集意见与建议，以达到教学的最优结果。

(3) 课后：线上线下学习。

在有限的学习时间完内成主题探究式教学活动之后，学生可自行通过线上或线下的形式扩展学习课外知识，在后续的学习过程中进行不断的验证、借鉴、总结、反思与修正，强化并巩固已学的知识和技能。

第六章 运用项目化学习的八大策略

6.1 组建项目小组效果最大化的策略

项目化学习模式有一大好处，就是能够为学生提供与不同人群共事的机会。在这个过程中，学生能够学会宝贵的技能，例如团队合作、管理小组，甚至学习其他成员的长处。引导学生组建项目小组有许多方法，但是更重要的是在小组组建过程中所做的决策。

项目化学习中，组建小组可以让学生和其他成员相互学习，锻炼领导、沟通的能力。在这个指南中，作者详细地阐释了如何引导学生组成项目小组。在小组合作过程中，会遇到很多常见的"坑"，比如：小组成员之间水平参差不齐时，"能者多劳"，而其他人则打打下手；有的小组里，大家能力都很强，但是性格不合，光处理小组内部纠纷，就会花掉教师好多精力。

所以，要将小组合作的效果最大化，有很多需要注意的方法和细节。比如，小组规模和小组成员的选择，取决于项目化学习的复杂度和学生的特质，应据此建立多样化、均衡发展的小组。作者提供了详细而有创意的小组建立的方法。比如作者提出，在学生选择组员的时候，让他们列出几个可以并肩高效学习的同学，以及可能会降低效率的同学，使学生既可以按照个人的意愿分组，又满足了高效合作的需求。作者还提出可以在有特定学习任务需求的时候根据目标来建立"临时小组"，比如预习概念术语、迷你研讨会，等等。

教师对于学生小组合作的引导是很重要的。教师需要引导学生制定工作计划，提高他们解决冲突的能力，让他们学会和不同的对象高效合作。此外，教师还需要站在学生的角度考虑如何让他们在组内更好地发挥自己的优势，更好地平衡一个小组的多样性。

1. 在组建学生项目小组时先考虑以下问题

(1) 小组规模。

小组规模应取决于学生的年龄层、项目化学习的体验以及队伍规模复杂度。

- 对于大多数项目来说，一支队伍合理的人数应该为三到四人。因为这样能够合理安排队员的工作，也可以让队员充分锻炼他们的交际技能，不会让学生负担过重。

- 对于有的项目，因为成果高度复杂，会对工作内容和技术支持有更高要求，需考虑扩大队伍规模到五人以上。

- 对于年纪较小或者在与他人合作实践方面经验较少的学生，需考虑将他们两两配对或直接作为一个班级参与项目合作。

(2) 学生在队友选择上有多少话语权？

这个方面将取决于学生的年龄层以及经验。你会根据学生需求来组建队伍吗？你会以学生输出为根本依据来做决定吗？又或是你会支持学生自己选择队伍吗？

(3) 项目设计的哪些部分可能会影响小组的成立？

需考虑与项目有关的特定技能、经验和观察视角。例如，如果这个项目需要设计电子游戏，或许就需要保证每个小组至少有一名学生有过参与电子游戏设计的经历。

(4) 你对学生的优点、兴趣以及需求了解多少？

了解学生的方式有很多，而你对学生的了解（连同他们对自我的了解）应有助于更好地塑造多样化同时均衡发展的小组。在创建小组时，需要考虑如何给学生机会使他们在发挥已知的优点的同时，还能发展和锻炼新的技能。

2. 小组组队的方法

(1) 让学生根据项目内容组成基于兴趣的小组，比如，在解决社区问题的项目中，学生可能会基于对交通、住宅、经济等方面的兴趣组成小组。

(2) 让每个学生填写一张调查表，列出最多四个可以并肩高效学习的同学，以及一个会降低他们效率的同学（可以列举好朋友，也可以列举一个曾经和他们有私人恩怨的人）。在每个组中至少安排一个"工作效率高"的同学，并且尽量避免将自认为工作效率低的同学都安排在一个小组。

(3) 根据你理想中小组应该具备的特征去平衡不同组员（例如，顾全大局和注重细节、内向和外向）。先让学生自我识别自己的性格特征，再自行选择或由教师分配具有平衡性格特点的小组。

(4) 在计划一个学期或一个学年的项目时，请确保在不同项目中打乱小组，这样可以让学生有机会在这一年中与不同的团队成员合作。

(5) 在一个项目内灵活建立"临时小组"。尽管做核心任务的小组成员是不变的，但可以在进行短期学习任务时设置一些临时小组，比如随机组队、兴趣组队，或专注于学习目标技能的小组，以此来开展特定学习活动。适用于"临时小组"的学习任务包含：

- 重新讲授复杂概念
- 预习术语词汇
- 迷你研讨会
- 挑战/延伸熟识的核心知识
- 角色扮演
- 自选研讨会
- 专家团队
- 解决目标技能的研讨会

3. 常见纠纷及解决方法

常见纠纷一：
学生都会关心团队中的工作量是否均衡。

> **解决方法：**
> 学生可以通过制定工作标准、工作协议和工作计划分配他们的工作，也可以安排工作流程来保证工作进度。其次，团队应定期组织碰头会，在会上回顾工作标准和分工表，并处理任何可能遇到的问题。

第六章 运用项目化学习的八大策略

常见纠纷二：

人际冲突导致某些学生无法一起协作。

> **解决方法：**
>
> 跟他们进行一对一沟通，来明确学生对于一起协作的个体担忧或抗拒的原因。你可以利用这次机会，来明确教导或加强他们解决冲突的能力。
>
> 在某些情况下，如果学生之前的冲突不能在项目期内解决，你可能需要将学生重新分配到其他团队。

常见纠纷三：

学生只想跟他们的好朋友一起工作。

> **解决方法：**
>
> 首先，你可以开一场关于"学会和不同人合作的重要性"的班会。其次，你可以让学生通过采访他们的亲戚、其他成年人或特邀演讲人来明白出了学校之后，有一个良好的团队合作能力也是很重要的。你也可以平衡教师制定小组和学生自由组合的机会，这样学生既有机会和他们的朋友在一个组加深感情，也能锻炼协作能力。

4. 如何用技术加持？

（1）可以考虑让学生在一个学年中完成一个简短的电子问卷或兴趣清单。你可以收集关于学生团队的工作风格偏好、他们想要发展的领域以及他们可以共事或不能共事同学的信息。当你组建项目小组时，可以充分利用这些信息。

（2）使用谷歌随机分组生成器或其他随机数软件进行分组。

6.2 有效目标制定策略

学习目标是学生学习的出发点，也是学生学习的归宿。高效课堂的高效体现在教师确立切实可行的、明确的、简明扼要的学习目标。目标越明确、越切合学生的实际情况，学生的每一次努力就越能获得成功。

教学目标即"教师通过教学活动对学生身心发展变化的期望"，作为一切教学活动的出发点和归宿点，它首先是从三个维度来确立的，**它不仅包含着本节课的知识与能力目标，而且涵盖着对学生情感态度价值观的培养。**

它是从教师角度确立的，而学生的学习目标则是在学习过程中，通过某些过程和方法使之达到对知识的理解、对情感的把握、对技能的体验。也就是说，在某种程度上学生的学习目标与教师的教学目标存在着一致性。我们可以借鉴教参上的教学目标，注意不要完全照搬给学生，这就要求教师在预设每节课的学生学习目标时心中有教材，眼中有学生。

如何制定有效的学习目标：对课标的正确解读是基础，对教材及学生的准确把握是关键，对学习目标的准确表述是条件。

目标制定策略

①学习目标应是学生在学习过程中能够完成的，每节课不宜过多。

②学习目标要从学生的角度来预设，目标语言要通俗易懂，易于评价。

③预设学习目标要着眼于学生的个别差异。

④教师要关注学生在完成预设的学习目标的过程中经过内化、理解、感悟到的东西，即生成目标。

⑤目标出示要得体得法，不应让学生读一遍后就放到一边再也不管了，或是通过课件展示完就算了，而应成为学生进行自我评价的依据。

在表述上**目标要具体、适宜、具可测性**。具体是指学习目标要根据学习内容，结合课程标准中的具体目标来制定，要具体可操作，使学生看了之后明白自己该做什么，会做什么；适宜是指制定目标时要针对学生的实际状况，考虑学生的发展等。

要注意学习目标是对学生学习结果的预期，应该用学生学习后能说什么或能做什么来陈述，尽量避免用"知道什么""理解什么"等含糊的词语来陈述。

其次目标的行为主体是学生，而不是教师，所以在目标的陈述中，学生一词应省略。不能出现"培养学生……能力""使学生……会做……"这类句式，因为这类句式中行为主体是教师，而不是学生。

6.3 高效率学生自主学习的策略

新课标强调"教师要注重培养学生的独立性和自主性，引导学生质疑、调查、探究，在实践中学习，促进学生在教师的指导下主动的富有个性的学习"。

《基础教育课程改革纲要》强调"自主学习就是为学生获得终生学习能力和发展能力打下基础的"。它把学生作为主动的求知者，在学习中培养他们主动学习、主动探索、主动运用的能力，使学生真正成为课堂主体。

- 自主学习是素质教育的灵魂；
- 自主学习是发展潜能的桥梁；

自主学习也是当代教育改革的重要方面。自主学习更是高效课堂倡导的主要学习方式，课堂上让学生自学是培养自主学习能力的基本方法。

自主学习的策略

1. 学生自学的过程，**教师要全程参与。**

要对学生的自学过程进行有效的组织和调控，学生从自学的过程中收获的不仅是知识，更重要的是体会知识产生的过程，收获这个过程中的非知识元素，这样有利于锻炼思维、培养兴趣，促进可持续学习。

2. 在自学过程中要让学生**经历由不会到会的过程，体验疑惑的痛苦与顿悟的愉悦的过程，这才是真正意义上的自学。**

假如一个学生一节课做了10道题，这10道题对他来说没有任何难度，那么该学生这节课的收获有多大呢？他最大限度把某些已经掌握的知识和技巧再熟悉了一遍。

如果学生面对的是一个比较难的问题，他必须经过大量的思考，经过多次试错，充分体验到没有找到突破口的疑惑、痛苦和终于出现灵感后的顿悟、愉悦。经过了这样的过程，学生才能有实质性的发展。所以在组织、指导学生学习时，要注意找到学生的最邻近发展区，根据学生的知识起点组织、指导学生学习。

3. 在教学过程中，教师要采用各种方法培养学生自学能力。

①**设置悬念**，激发学生自学潜能。学生的学习过程既是一个认知的过程，又是一个探究的过程。学生一般都具有好奇、好问的探究心理。故意设置悬念，能够使学生迅速地由抑制到兴奋，还会使学生把知识的学习当作一种自我需要，能引起学生内部认知矛盾的冲突，使学生在疑中生奇，疑中生趣，不断激起学生学习的欲望。

②学生利用"引导发现法"自学新知识。让学生提前完成练习，首先在课堂上教会学生利用"引导发现法"学习新知识，再让学生利用"引导发现法"自学新知识。

③**讲课当中仍要发挥自学作用**。学生通过预习，仍然有弄不懂的地方，这时在他们的头脑中，就会产生一种请教师帮助尽快把它弄懂的心愿。教师讲解这部分知识时，在学生的大脑皮层上就会出现一个"定向兴奋中心"，他们就会聚精会神听讲，开动脑筋思考，这时教师和学生的活动就有了共同的基础和统一的目标。

所谓教师讲解，并非采用教师讲学生听的方法，而是仍要发挥学生的自学作用。

④培养学生良好的自学习惯。在培养自学能力的基础上，教师要培养学生形成良好的自学习惯。培养学生进行课前预习，这是进行自学的

一个好习惯，它的好处是可以使学生克服学习的盲目性，增强自觉性，改变被动学习的状态，提高学习效率。

教师要注意课前预习，决不能放任自流，特别是对低年级学生，或处于自学的初始阶段的学生，教师要向学生布置预习提纲，提出思考题和提示自学重点。

6.4 有效提升学习交流和展示策略

考量课堂的效率，必须关注学生参与课堂活动的数量，尽可能使全体学生都参与课堂活动。只有部分学生参与的课堂是"假课堂"。

还有些教师为了营造好的展示氛围，认为设计的任务、问题等越简单越好，耗时越少越好，试图形成教学目标达成度高、教学效果好的课堂印象，这不是真正的高效课堂。

在学习交流中，应该交流展示预习或自主学习的成果，并进行知识的迁移运用和对感悟进行提炼提升。

展示和反馈是为预习服务的，是促使学生认真预习、悉心准备的两大手段，为了能使自己在展示课上争取机会、展示精彩，学生会根据预习或自学提纲的要求认真预习课文、查阅资料、完成问题；为了能使自己小组在展示评价中多得分，小组成员之间也会在预习环节中相互研讨、相互合作、相互帮助。

所以，展示是促使学生和小组充分预习的内驱力，绝不是单纯地做题目后的对答案，更不是教师问学生答，而且只是少数优等生的展示。

交流和展示策略

一般情况下，学习成果展示时，学生在教师指导下，首先进行小组展示，交流预习成果，在小组讨论中，每一个学生都积极地投入，除了接受信息外，更多的是带着怀疑的心态去思考，其反应除了听之外，更多的是赞许、补充、质疑。

然后是全班性的展示，要展示"普遍"问题，即具有代表性的问题；一般主张由学习较弱的学生多展示，对展示的内容教师要学会取舍，太难和太易的都不作为展示内容。

在展示过程中教师要敢于"利用"学生，帮助能力有差异的学生实现资源共享。由于学生的差异性永远都存在，教师的集中讲解不可能照顾全部学生，因此，充分利用优生资源，变一个老师为多个老师，实现生生互帮、互助，是提高课堂效率的重要策略。

6.5 小组学习中合作学习的优化策略

合作交流学习是学生个体打破独自学习的习惯、学会交往、学会合作，培养团队精神和竞争意识的有效方式。它作为对传统教学组织形式的一种突破和补充，已经被教师越来越广泛地运用于以学生发展为本的课堂教学之中，这也是高效课堂倡导的自主、探究与合作的学习方式之一，它促进了学生在教师指导下主动地、富有个性地学习。

在平常的教学过程中，很多任课教师没有真正弄清楚小组合作学习的目的和操作要领，认为只要学生坐在一起就是合作学习，其间没有任何合作学习的过程。有时候纯粹是为了合作而合作；有时候当学生还没有进入探究状态时，教师就叫学生迅速合作；有时候当学生正在进行激烈的思想交锋，处于欲罢不能的探究状态时，教师突然叫停……常常成为高效课堂的装饰性教育。

合作学习的优化策略

(1) 增强合作交流学习的意识。

教师要认清合作交流学习的必要性。合作交流学习对改善课堂气氛和大面积提高学生的学业成绩起着重要的作用。对学生来说，应用合作交流学习，可以从同伴中迅速得到高质量的帮扶，缩短了反馈和矫正的时间，也就有更多的时间用于完成学习任务。

(2) 把握合作交流学习的契机。

合作交流学习不只是一种外在的强迫，而且是一种内在的精神需要，因此在课堂教学中，组织合作交流学习要把握契机，精心设计合作交流学习的内容、要求、呈现的方式，等等。

一般出现下列情况时可运用合作交流学习的方式：

- 一是出现了新知识，需要新能力；
- 二是遇到大家都期盼解决的问题，而依靠个人能力又不易或不能解决时；
- 三是学生意见不一致，且有争论时。

(3) 抓好合作交流学习的建设。

"让每一位学生都学得好"，其内涵之一就是关怀每一个学生，保证每一个学生都得到应有的发展。在学习有困难的学生占大多数的班级上课，合作交流学习显得尤为重要。在班级里通过合作使尽可能多的学生参与学习，他们的学习才可能有持续的进步。

要实现合理高效的合作交流学习，还必须讲究合作策略：首先，要选择好小组长，一般要将悟性好且有责任心的学生分到各组担任组长，每组6～8人，好、中、差三个层次按1：2：3的比例配置，尽量做到"异组同质"。

其次，对学习最差的几个学生酌情对待。能力差但有学习愿望的要分配到组长有爱心且成绩优秀的组里去，调皮的学生放在全班最有"权威"的学生任组长的组里去。

第三，在组织合作交流学习的过程中要随时注意学生的动向，帮助他们解决问题，引导他们听取意见，接受好的方法。对于他们的点滴进步，教师要及时给予表扬和鼓励。

6.6 当堂训练的有效检测策略

"当堂训练"是指运用所学知识，当堂完成作业，其目的有二：

- 一是检测每位学生是否都当堂达到了教学目标，做到"堂堂清"。
- 二是引导学生通过练习把知识转化为解决实际问题的能力。

训练的内容包括两方面，一是背记重要知识点，二是完成作业题。训练的形式则是学生像考试那样独立完成，教师不提供任何形式的指导，学生之间也不允许进行讨论。

对于巩固学生的所学知识、发展学生的思维能力、培养学生的独立意识和良好的学习习惯以及减轻学生过重的课外负担、做到作业的"堂堂清""日日清",都是极为有利的。

当堂训练的有效检测策略

当堂训练是保证学习目标达成的一个重要环节,要做到:

(1) 保证训练时间不少于 10 分钟,让学生能在做题的实践中,把刚学到的知识转化为能力。

(2) 注意训练的内容重在应用刚学到的知识解决实际问题,创造性地"做",不搞死记硬背,所以教师务必精心设计习题,要出有价值、高质量的题,不要出粗制滥造的题。

(3) 注意面向全体、因材施教。作业要低起点、多层次,根据学情,把作业分为"必做题、选做题和思考题",重点出好必做题,使不同层次的学生各得其所。

(4) 指导学生做题方法,先复习再做题,死记活用。在做作业之前要再看一遍例题,先消化理解所学的内容。不要一拿过作业本就做,这样往往容易出错。

(5) 强调学生当堂独立完成。教师不辅导学生,不干扰学生,确保学生聚精会神地做作业,如有错误,待课外辅导。作业是每个学生必须独立完成的任务,它的目的是让学生正确地理解、熟练地记忆、牢固地掌握当堂所学的知识。如果学生不求甚解地完成作业,或者抄袭别人的作业,那就起不到作用。做作业如同考试,限时当堂独立完成,就很好地保证了学生能及时练习,独立练习,快节奏练习,解决了学生因课下做作业时自觉性差、随意性大而导致的抄袭作业或不做作业等问题。

(6) 课堂作业要有代表性,适度和适量,确保能在下课之前完成。要把课堂还给学生,珍惜课堂的每一分钟,让学生多练、精练。教师一般不当堂批改作业，下课时，把课堂作业收走，到课下再认真批改。对没有当堂完成作业的学生，要记下姓名，作为课下补差和"日日清"的重点对象。

（7）强调学生纠错。有题必做，有错必纠。对作业的批改，学校规定上午的作业，教师应在下午上课前批改完发给学生；下午的作业，应在夜自习或放学前批改完发下。

除作文外，作业都要当天批改完毕并发给学生纠错。教师要指导学生认真分析查找做错题的原因，及时更正错误。

学习既是一个积累知识的过程，也是一个补漏改错、融会贯通的过程。一门课程，知识漏洞越小，说明学得越好，考试时的成绩也就会越好，那些作业中出错的地方往往就是知识漏洞最大的地方，考试时出错的地方也如此。教师和学生都要建立一个"错题集"，每次作业（含测试和考试）之后，将其中做错的题目及时记录下来，这些就是知识的漏洞。教师既要重视这些错题，从中找出教学难点和规律，又要督促学生经常看这些错题，反复练习，时间长了，漏洞就会补上。

6.7 集体备课中的有效研讨策略

集体备课是教师合作研讨的一种有效形式，也是实现资源共享的一种重要形式。围绕课堂教学，通过集体参与，共同讨论，互相启发，彼此交流，集思广益，有利于教师在备课过程中较好地掌握课堂教学的基本环节，提高课堂教学效率，通过教学研究和讨论，改进和创新教学方法，整体提高学科的教学质量。

集体备课中普遍存在四个问题：

(1) 缺少反思和上周教学工作的得失总结。

(2) 因集体备课要求不够明确，很多时候除了主备课教师主讲外，其他老师因没有提前备课，很难提出有价值的教学建议。

(3) 集体备课内容上偏向知识点过多，而教学资料的整合、教学方法的改进、学生能力的提高及对学生学法指导等方面的内容偏少。

(4) 主备课人（即中心发言人）发言完后没有落实重点知识清单等，具体操作中没有实用性。

主要原因是：

● 集体备课缺乏必要的理论支撑——为什么要集体备课？

● 发展机制不健全导致教师对事业的追求标准降低——集体备课能给我什么？

● 技术层面还缺乏必要的"套路"创新——怎么进行集体备课？

有效研讨策略

集体备课是各学科组要开展的常规教学活动，可以采取以下几种方式进行：

1. 事先确定主备人，主备人提前一周按课时准备好说课提纲，提纲必需含有教学目标、教与学过程设计以及课程内容。

集体备课时，结合主备人说课内容，备课组成员研讨教与学的最优化方法，形成集体备课的教案。个人在集体备课的基础上，形成切合教学实际的个性化教案。

2. 学科组每位教师都准备好说课提纲，集体备课时，临时确定中心发言人，其他老师参与研讨，提出建议，修改完善后形成教案，下次集体备课时，首先反思得失，然后再修订教学方案，更新教案内容。

3. 学科组每位教师都准备好说课提纲，集体备课时不定中心发言人，每个人就某一方面重点发言，相互研讨交流，最后形成教学方案。

集体备课中，重要的是组长要组织教师认真开展研讨活动，既要认真地研究教材，也要侧重于研究学生，要针对学生实际，设计出最佳的教学方案。教案设计应体现学生的主体地位，教师应为学生创造主动学习的条件，教给学生主动学习的方法，培养学生主动学习的习惯。

通过集体备课，教师要达到以下目标：

(1) 落实基点。

落实本课的基本知识点、基本技能训练点及其与思想教育的基本结合点，明确思维能力和心理素质培养点以及学法指导点和科学方法训练点；

(2) 突出重点。

突出课堂教学的重点知识和能力要求以及非智力因素的培养重点；

(3) 突破难点。

明确课堂教学中的知识难点、能力训练难点，有突破难点的措施和方法；

(4) 巧析异点。

明确本节课中的知识点与以前或与其他学科的知识点间的联系与区别；

(5) 激发疑点。

提出符合学生认知规律并能激发学生学习兴趣和动机的适当的疑点；

(6) 体现特点。

能够体现本节课的特点，反映学生特点和教师的教学特色，以实现课堂教学素质化的要求。

6.8 课堂教学问题设计策略

现代教育理论认为，课堂教学中的师生互动的探究活动是围绕问题展开的。所谓的教学问题是一个新的内涵的概念，它是教师根据教学目标的要求编制的，又覆盖教材内容且认识水平较高的问题。它不是随意出现在教学过程中的，而是以"问题群"（指一组有中心、有序列、相对独立的问题）的形式刻意安排的。

问题是课堂教学的中心，教学离不开问题的设计。但大多数教师在课堂上设计的问题为事实性问题，预设性问题多、生成性问题少，共性问题关注多、个性问题关注少，优秀群体的问题关心多、弱势群体的问题关心少。

问题设计策略

问题的设计是一门艺术，如何把握好这门艺术，使它发挥出应有的作用，这是广大教育工作者必须思考的一个问题。提问应该在教师的讲授和学生能动的思考行为之间拉起纽带，它应该是将教师要讲授的内容转化为学生想学习的内容的契机。必须教的东西不能直接讲授，而应将其转化为学生想学的东西，这才是发问的本质。

课堂教学中的"问题"一方面取材于教材，另一方面来源于学生，但很大一部分需要教师的再加工——"问题"的设计。

问题设计是课堂教学的基本环节，教师要根据教学目标、教学内容，依据班情、学情，精心构建问题链，让问题驱动教学，将知识问题化，问题层次化，层次梯度化。

问题的设计需要注意以下几个方面：

- "问题"设计的趣味性 —— 联系实际，贴近生活。
- "问题"设计的启发性 —— 利于思考，富于启迪。
- "问题"设计的导向性 —— 强化"双基"，突出重难点。
- "问题"设计的层次性 —— 铺设"阶梯"，逐步深入。
- "问题"设计的创新性 —— 强化思维，求异创新。

如果教育者从不给予学生权利和机会，永远禁止学生探索和实践，学生便永远不可能学会"如何为自己"寻找学习的意义、制定学习的目标、探索学习的模式、寻找学习的伙伴、迭代学习的内容。学生将永远在老师的安排下，亦步亦趋地完成学习过程，无法建立起自我导向学习，更不可能成为有内在动力的学习者。想要成为有内在动力的学习者，第一要具备学会学习的能力，第二要成为自我导向的学习者。基于自由的教学才是项目化学习教学法的核心。

人生而为人，自我反思、自我定义、自我筹划和行动的学习意志天生就有，而运用的能力和实践的范围则需要逐渐培养和扩大。就像肌肉一样，每个人天生都有肌肉，越使用越强健。但是如果不用，慢慢就萎缩了。自我导向的学习能力也是一样。希望教育者能成为那个陪伴学生锻炼肌肉的人。

未来的社会中，学习在窗外，他人即老师，世界是教材。